מִבְחַר הַפְּנִינִים

Mivchar HaPeninim

A choice of pearls

רַבִּי שְׁלֹמֹה אָבִּין גַּבִּירוֹל

Rabbi Solomon ibn Gabirol

In Hebrew with an English translation

בִּלְשׁוֹן הַקֹּדֶשׁ עִם תַּרְגּוּם לְאַנְגְּלִית

ידוע כי אין בר בלי תבן, כך אין ספר בלי טעויות, ועוד יודע אני
כי דל ועני אני, **ואין עני אלא בדעה.** לכן מבקש אני בכל לשון
של בקשה אם יש לכל אחד שאלות, הערות, הארות, תיקונים, נא
לשלוח ל - <u>simchatchaim@yahoo.com</u> והשתדל לענות,
ולתקן את הצריך תיקון.

מִבְחַר הַפְּנִינִים

Mivchar HaPeninim
A choice of pearls

רַבִּי שְׁלֹמֹה אָבִין גַּבִּירוֹל

Rabbi Solomon ibn Gabirol

זֶה סֵפֶר מִבְחַר הַפְּנִינִים בִּמְלִיצַת הַחֲכָמִים הַקַּדְמוֹנִים וּמִשְׁלֵי
פִילוֹסוֹפִים הָרִאשׁוֹנִים וּמוּסָרָם וּמִצְוֹתָם וְדִבְרֵיהֶם וְחִידֹתָם
בְּכָל עִנְיָן שֶׁהָאָדָם צָרִיךְ אֵלָיו בְּחָכְמָה וּבְמוּסַר וּבְדֶרֶךְ אֶרֶץ
מְסֻדָּר לַשְּׁעָרִים בְּכָל עִנְיָנִים.

שַׁעֲרֵי אֵל לְיִשְׂרָאֵל נְתוּנִים, אֲשֶׁר הוֹרוּ וְגַם חָבְרוּ יוֹנִים.

לְבֶן שַׁחַר שְׁמִי מִבְחַר פְּנִינִים, אָמְרֵיהֶם לְרוֹחֵיהֶם נְכוֹנִים.

מְאוֹד גָּדְלוּ וְיַשְׂכִּילוּ נְבוֹנִים, בְּכָל סוֹדוֹת לָשׁוֹן חִידוֹת זְקֵנִים.

הָדָר פְּנֵי רָאוּ בְּנֵי צְפוּנִים, אֲלַמֶּדְכֶם וְאַתְמִידְכֶם דְּשָׁנִים.

1

תוכן הספר

TABLE OF CONTENTS

Rabbi Solomon Ibn Gabirel

This great Hebrew poet and philosopher was born in Malaga, Spain, about the year 4782, [1021], and died in Valencia, Spain, at the age of 36 or 37.

Despite his very short life, Rabbi Solomon ibn Gabirel won great fame during his own lifetime, and even more so after his death when his writings became more widely known.

His father Yehuda, was a native of the famous city of Cordova which was at the time under Arab domination. About ten years before Solomon's birth, when war broke out in that part of the Spanish peninsula, his father moved to Saragossa, also under Arab domination.

Later they moved to Malaga, where Rabbi Solomon was born.

Losing his parents at an early age, Rabbi Solomon nevertheless continued his studies of the Talmud, in which he found his only solace. The young Rabbi Solomon was an ardent scholar and became very proficient in the Hebrew as well as Arabic languages and grammar. He also studied astronomy, geometry, and philosophy.

5

Rabbi Solomon Ibn Gabirel began writing Hebrew poetry when he was very young. At the age of 16 he wrote a famous poem beginning with the words, "I am the master, and Song is my slave." This poem entitled **Azharoth**, is based on the Taryag [613] commandments of the Torah, and was included in the Shavuoth service of many congregations.

In that year, the famous Rav Hal Gaon died in Babylon, and Solomon ibn Gabirel wrote four dirges [obituary poems] on the passing of this great scholar.

Rabbi Solomon Ibn Gabirel sang the praises of Rabbi Samuel Hanagid and also of another Jewish minister, Jekuthiel ibn Hasan of Saragossa. The latter became Rabbi Solomon ibn Gabirel's friend and patron. Unfortunately, Rabbi Ibn Hasan met with a violent death through a false accusation by his enemies. Rabbi Solomon Ibn Gabirel, who was about eighteen or nineteen years old at that time, composed a touching eulogy on the loss of his friend.

A number of Rabbi Solomon ibn Gabirel's religious hymns were included in the prayer book. These include in addition to **Azharoth** mentioned above, his Shir Hakovod [Song of Glory], and - Shir Hayichud [Song of Unity]. Another of his famous poems is Kether

Malchuth [Royal Crown]. Rabbi Solomon Ibn Gabirel also wrote "Kinoth" [dirges] on the destruction of the Temple and the plight of Israel. His most famous book he wrote was The Improvement of the Moral Qualities. This book discusses Jewish philosophy of the soul and its relations to the four elements of the world.

Rabbi Solomon Ibn Gabirel's life was not a very happy one, for he was a lonesome young man with a sensitive soul. He did not hesitate to use his poetic gifts in denouncing the lack of Jewish feeling on the part of some prominent members of his community. As a result of this, he acquired many enemies who made life in Saragossa miserable for him. Eventually, Rabbi Solomon Ibn Gabirel was banished from his native town and spent some years as a luckless wanderer, suffering many hardships. No wonder there is a touch of bitterness in his poems, but this is often coupled with a sense of humor.

At the age of only 23, Rabbi Solomon Ibn Gabirel wrote his book - Tikkun Middoth Hanefesh, [Improvement of the Qualities of the Soul].

About the same time, he also wrote - **Mivchar Hapeninim**, [Choice of Pearls].
Both Books were written in Arabic and subsequently translated into Hebrew by Rabbi

Yehuda ibn Tibbon. In these books, Rabbi Solomon Ibn Gabirel presents a collection of moral sayings and maxims from Jewish as well as non-Jewish sources.

The manner of Rabbi Solomon ibn Gabirel's death is shrouded in mystery. Legend has it that he was trampled to death by an Arab horseman, much in the same way that Rabbi Yehuda Halevi lost his life.

רַבִּי שְׁלֹמֹה אִבְּן גַּבִּירוֹל – הָרַשְׁבַּ"ג

רַבִּי שְׁלֹמֹה בֶּן יְהוּדָה אִבְּן גַּבִּירוֹל [1021–1058] הָיָה
מְשׁוֹרֵר וּפִילוֹסוֹף יְהוּדִי בְּתוֹר הַזָּהָב שֶׁל יַהֲדוּת סְפָרַד.
מִגְּדוֹלֵי הַמְשׁוֹרְרִים שֶׁקָּמוּ בְּסִפְרוּת הָעִבְרִית לְדוֹרוֹתֶיהָ.
כְּתִיבָתוֹ הָעֲמֻקָּה, הָעֲשִׁירָה, הַמֻּרְכֶּבֶת וְהַמְּלִיצִית מְאַפְיֶנֶת
בְּשֹׁנִי וְיִחוּד רַב.
נוֹלַד בְּמָאלָקָה שֶׁבִּסְפָרַד בְּסָבִיבוֹת שְׁנַת ד'תשפ"א לְאָבִיו
רַבִּי יְהוּדָה אִבְּן גַּבִּירוֹל, הוֹרָיו מֵתוּ בִּצְעִירוּתוֹ. הָיָה נַעַר
מֻכְשָׁר בִּתְחוּמִים רַבִּים - דִּקְדּוּק, שִׁירָה, פִילוֹסוֹפְיָה וְעוֹד,
וּכְבָר בְּגִיל 16 כָּתַב שִׁירִים. הָיָה הַפַכְפַּךְ וּבַעַל אִישִׁיּוּת
מֻרְכֶּבֶת - בַּעַל נֶפֶשׁ עֲדִינָה שֶׁאֵינָהּ יוֹדַעַת מַשּׂוֹא פָנִים הָיָה,
מַבָּטוֹ הַחוֹדֵר גִּלָּה לוֹ תָּמִיד אֶת הָאֱמֶת הָעַרְטִילָאִית, תְּסִיסָה
מַתְמֶדֶת לֹא נָתְנָה לוֹ מָנוֹחַ. הוּא שִׁבַּח אֶת מֵיטִיבָיו וְגִנָּה אֶת
הָרְאוּיִים לְגִנּוּי. אֲבָל לִפְרָקִים הָפַךְ אֶת רוּחוֹ, וּמַקֵּל נֹעַם
שֶׁבְּיָדוֹ הָפַךְ לְמַקֵּל חוֹבְלִים, וִידִידָיו נַעֲשׂוּ לוֹ אוֹיְבִים.
בִּצְעִירוּתוֹ עָבַר לְסָרְקוּסְטָה, כְּכָל הַנִּרְאָה עַל מְנָת לִלְמֹד
וּלְלַמֵּד, אַךְ גַּם שָׁם אִישִׁיּוּתוֹ הַסּוֹעֶרֶת לֹא נָתְנָה לוֹ מָנוֹחַ
וְגָרְמָה לוֹ לְסִכְסוּכִים שֶׁגָּרְמוּ לוֹ לַעֲזֹב אֶת הָעִיר. הוּא שָׁקַע
בְּדִכָּאוֹן וְחָלָה בְּמַחֲלָה קָשָׁה. חַיָּיו הַקָּשִׁים מָצְאוּ בִּטּוּי
בְּשִׁירָיו. פִּיּוּטָיו הִתְפַּרְסְמוּ, וְחֶלְקָם אַף נִכְנְסוּ לַסִּדּוּרִים
וּלְמַחֲזוֹרִים. הַמְפֻרְסָמִים שֶׁבָּהֶם – אַזְהָרוֹת וְכֶתֶר מַלְכוּת.
עַל פִּי הָאַגָּדָה, כְּשֶׁהָיָה בֶּן שְׁמוֹנָה עֶשְׂרֵה וְלָמַד בִּישִׁיבָה, רַבּוֹ
אָמַר כִּי מִי שֶׁיִּתֵּן לוֹ פְּרִי חָדָשׁ יִזְכֶּה בְּבִתּוֹ. הָרַשְׁבַּ"ג יָשַׁב
וְכָתַב פִּיּוּט וּבוֹ שִׁבַּץ אֶת מִצְוֹות עֲשֵׂה וּמִצְוֹות לֹא תַּעֲשֶׂה,
הוּא הַפִּיּוּט הַנִּקְרָא אַזְהָרוֹת שֶׁכָּל בְּנֵי יִשְׂרָאֵל קוֹרְאִים אוֹתוֹ
בְּחַג שָׁבוּעוֹת.
בַּלַּיְלָה, הִשְׁלִיךְ אֶת דַּפֵּי הַפִּיּוּט לַאֲרֻבַּת בֵּיתוֹ שֶׁל הָרַב.
כְּשֶׁקָּם הָרַב בַּבֹּקֶר לִתְפִלָּה, מָצָא אֶת הַדַּפִּים הַלָּלוּ וְזִהָה כִּי
הֵם כְּתָבָיו שֶׁל רַשְׁבַּ"ג, וְלָקְחוּ לְחַתֵּן לְבִתּוֹ.

9

נִפְטַר עֲרִירִי בְּגִיל 37, סָבִיב שְׁנַת דָּ'תַת"י. יֶשְׁנָהּ אַגָּדָה לְפִיהָ
תּוּרְכִּי שֶׁקִנֵּא בּוֹ עַל כִּשְׁרוֹנוֹ הֲרָגוּ וְקָבְרוּ תַּחַת עֵץ תְּאֵנָה,
וּמִשֶּׁהַתְּאֵנָה חָנְטָה אֶת פֵּרוֹתֶיהָ מֵקְדָּם, חָקְרוּ וְגִלּוּ כִּי גּוּפוֹ
טָמוּן תַּחְתֶּיהָ, וְהָרוֹצֵחַ הוֹדָה וְנִתְלָה עַל יְדֵי הַמֶּלֶךְ.

רַבִּי מֹשֶׁה אִבְּן עֶזְרָא כָּתַב עָלָיו - הוּא תִּקֵּן אֶת מִדּוֹת נַפְשׁוֹ
וְחִנֵּךְ אֶת טִבְעוֹ וְהֵבִיס אֶת הַתַּאֲוֹות הָאַרְצִיּוֹת שֶׁנָּקָה אוֹתָם
מֵחֶלְאַת הַתְּשׁוּקוֹת. רַשְׁבַּ"ג, יְרַחֲמֵהוּ הַשֵּׁם, הָיָה הַצָּעִיר
בַּשָּׁנִים בִּקְבוּצַת הַמְּשׁוֹרְרִים שֶׁבְּדוֹרוֹ, אֲבָל עָלָה עֲלֵיהֶם
בִּמְלִיצָתוֹ... הָיָה אָמָּן נִפְלָא וּמֵלִיץ נִשְׂגָּב. הוּא הִגְדִּיל לַעֲשׂוֹת
בְּרוּחוֹ הַפִּיּוּטִי וְקָלַע אֶת הַמַּטָּרָה הַיּוֹתֵר גְּבוֹהָה... הוּא נִקְרָא
פָּרָשׁ הַמְּלִיצָה וְאָמָּן הַשִּׁיר, יֵשׁ עֲדִינוּת וְרֹךְ לִדְבָרָיו וּנְעִימוּת
לְכַנְנָתֵיהֶן... הַצָּעִיר הַזֶּה ז"ל כָּתַב שִׁירֵי תְּהִלָּה וְקִינוֹת,
לְהַשִּׂיג אֶת תַּכְלִית הַשְּׁלֵמוּת בְּרַעְיוֹנוֹתָיו. הוּא חִבֵּר גַּם שִׁירֵי
הִתְפָּאֲרוּת וּמוּסָר שֶׁהַצַּטַּיֵּן בָּהֶם. גַּם שִׁירֵי הִתְנַצְּלוּת עֲדִינִים
וְשִׁירֵי מֵהַתְּלוּת שְׁנוּנִים...".

מִבְחַר הַפְּנִינִים

Mivchar HaPeninim
A choice of pearls

רַבִּי שְׁלֹמֹה אָבִין גַּבִּירוֹל

Rabbi Solomon ibn Gabirol

פֶּרֶק א   Chapter 1

א. אָמַר הֶחָכָם. בְּחָכְמָה. הַחֲכָמִים מַשְׁלִימִים גְּמוּל הַבּוֹרֵא. וּמַגִּיעַ הָאָדָם לַעֲבוֹדַת הָאֵל בְּחַיָּיו. וּלְשֵׁם טוֹב אַחֲרֵי מוֹתוֹ:

1. The sage says, Wisdom is the means by which the wise thoroughly evince their gratitude towards their Creator, by which they become his true worshippers during life, and obtain a good name after death.

ב. וְאָמַר. אֵין לְךָ דָּבָר שֶׁמְחַדֵּד הַשֵּׂכֶל. כְּמוּסָר וְחָכְמָה. וְאֵין דָּבָר שְׁמוּרָה עַל דַּעַת הַדַּעְתָּן. כְּמִנְהֲגוֹ הַטוֹב:

2. Nothing, says he, tends so greatly to render the intellect acute as instruction and wisdom, nor is anything more calculated to manifest true knowledge, than good conduct.

ג. וְאָמַר שְׁאֵלַת הֶחָכָם. חֲצִי הַחָכְמָה. וּפִיּוּס בְּנֵי אָדָם. חֲצִי הַשֵּׂכֶל. וְסֵדֶר הַהוֹצָאָה. חֲצִי הַסִּפּוּק:

3. The questions of the wise are indicative

11

of wisdom, affability towards mankind denotes intellect, and economy is equivalent to half a subsistence.

ד. וְאָמַר אֵיזֶה אָדָם רָאוּי לִמְלֹךְ. אָמַר חָכָם שֶׁמָּלַךְ. אוֹ מֶלֶךְ שֶׁיִּדְרֹשׁ הַחָכְמָה:

4.　　Who is the most fitted to rule, The wise man who has succeeded to power or dominion, or the king searching after wisdom.

ה. וְאָמַר רָאוּי לַמַּחֲזִיק בְּחָכְמָה וּבְצֶדֶק. שֶׁלֹּא יָרֵא מִשּׁוּם אָדָם: וְאָמַר הַצַּדִּיקִים אֵינָם יְרֵאִים כִּי אִם הָאֱלֹהִים לְבַדּוֹ:

5.　　The wise and the just should fear no man, for the pious fear none but God.

ו. וְאָמַר אֲבֵדַת הַשֵּׂכֶל. אֵינָהּ נִמְצֵאת. וְהַחָכְמָה נוֹטָה עִמּוֹ. בַּאֲשֶׁר הוּא נוֹטֶה:

6.　　The means of attaining wisdom once neglected, are irrecoverable, but wisdom leans to those who seek her.

ז. וְאָמַר הַטֹּרַח בְּבַקָּשַׁת הַחָכְמָה וּבְמוּסָר מַקְנֶה הָעֲטָרוֹת. וְהַנְּזִירִים יַעֲשׂוּ הָעֲטָרוֹת מִזָּהָב הַלָּשׁוֹן הַמְדֻבֶּרֶת. וְיָשִׂמוּ בְּרָאשֵׁי אוֹהֲבֵיהֶם:

7.　　He who strives after wisdom and morality, strives for a diadem of golden words and sublime expressions, woven by the poet to deck the brow of his dearest and most deserving friends.

ח. וְאָמַר הַטֹּרַח בְּבַקָּשַׁת הַחָכְמָה וְהַמּוּסָר. טוֹרֵד מַקְנוֹת [י"א מְקַצּוֹת] הָעֲוֹנוֹת וְהָעֲבֵירוֹת. מֵבִיא הָאָדָם לִמְאֹס בָּעוֹלָם כֻּלָּהּ.

12

וְלֶאֱהֹב עוֹלָם הַקַּיָּם:

8. The pursuit of wisdom arrests the commission of iniquities, and inclines man to despise this transient world, and to love the everlasting one.

ט. וְאָמַר בִּמְקוֹם הַמִּשְׁתֶּה וְהַשְּׂחוֹק. לֹא תִשְׁכֹּן הַחָכְמָה. אֲבָל הִיא מְגֹרֶשֶׁת מִשָּׁם:

9. The sage was wont to say, Wisdom is incompatible with the banquet and the revel - her presence is not welcomed there.

י. וְאָמַר מִי שֶׁחָנְנוּ הַבּוֹרֵא חָכְמָה. לֹא יִדְאַג לְהָפָקֵד הַצַּעַר וְהַיְּגִיעָה כִּי אַחֲרִית הַחָכְמָה הַשָּׁלוֹם וְהַמְּנוּחָה וְאַחֲרִית הַזָּהָב הַכֶּסֶף הַצַּעַר וְהַיְּגִיעָה:

10. He whom the Creator has endowed with wisdom will never be dismayed in trouble or distress, for the end of wisdom is peace and tranquility, whilst that of gold and silver is grief and vexation.

יא. וְאָמַר הֶחָכָם. אֵינִי דוֹרֵשׁ הַחָכְמָה לַתִּקְוָה שֶׁאָבוֹא עַד קָצֶה. וְאַגִּיעַ עַד תַּכְלִיתָהּ. אֲבָל אֶדְרֹשׁ אוֹתָהּ שֶׁלֹּא אֶהְיֶה סָכָל וְאֵין רָאוּי לְמַשְׂכִּיל זוּלָתוֹ:

11. I do not vainly hope, said the sage, to attain wisdom in its fullest extent, but solely to escape the imputation of ignorance, a principle imperative on every rational being.

יב. וְצִוָּה הֶחָכָם לִבְנוֹ. בְּנִי אַל תְּהִי חָכָם בִּדְבָרִים. אַךְ הֱיֵה בְמַעֲשֶׂה. כִּי הַחָכְמָה שֶׁבַּמַּעֲשֶׂה. תּוֹעִילְךָ לְעוֹלָם הַבָּא. וְשֶׁבַּדְּבָרִים בְּכָאן תִּשָּׁאֵר:

13

12. He also counsels his son not to be wise in words, but in deeds, for practical wisdom benefits man hereafter, whilst wordy wisdom extends not beyond this transient world.

יג. וְצִוָּה הֶחָכָם אֶת בְּנוֹ. הָיָה יוֹשֵׁב לִפְנֵי חֲכָמִים. שֶׁאִם תֵּדַע יְשַׁבְּחוּךָ. וְאִם תִּסַּכֵּל יְלַמְּדוּךָ. וְאִם יָעִידוּ לְךָ יוֹעִילוּךָ:

13. He likewise enjoined his son to court the society of the wise, For, said he, they will award praise to thy knowledge, instruct thine inexperience, and their commendations will benefit thee.

יד. וְאָמַר לִי סְפּוּר הַכְּסִילִים. אֲסִירֵי הַמָּוֶת. הִתִּירוּ מֵאֶסַרְכֶם בְּחָכְמָה.

14. He used to say, it is peculiar to the ignorant to be fettered by death, - wisdom must loosen the shackles.

טו. וְאָמַר לוּלֵי הַחָכְמָה. לֹא הָיִינוּ מְבַקְשִׁים הַמַּעֲשֶׂה. וְלוּלֵי הַמַּעֲשֶׂה. לֹא הָיִינוּ מְבַקְשִׁים הַחָכְמָה. וְטוֹב שֶׁאָנִיחַ אוֹתָהּ מִפְּנֵי שֶׁלֹּא אֵדָעֶנָּה. מִשֶּׁאֲנִיחֶנָּה מִמָּאוֹס בָּהּ:

15. Wisdom, excites us to activity, and activity induces wisdom, yet it is less unpardonable to neglect wisdom from ignorance, than to neglect it from disdain.

טז. וְשָׁאֲלוּ לֶחָכָם מִפְּנֵי מָה חָכְמַת יוֹתֵר מֵחֲבֵרֶיךָ. אָמַר לָהֶם מִפְּנֵי שֶׁהוֹצֵאתִי בְּשֶׁמֶן יוֹתֵר מִמָּה שֶׁהוֹצִיאוּ חֲבֵרַי בְּיַיִן:

16. To the question, how he became wiser than his companions, he replied, Because, I spent more in oil than they in wine.

יז. וְאָמַר. גּוּף בְּלֹא חָכְמָה. כְּבַיִת בְּלֹא יְסוֹד:

17. Man without wisdom, is like a house without a foundation.

יח. וְאָמַר מִי שֶׁנּוֹדַע בְּחָכְמָה. מַבִּיטִין אֵלָיו בָּעַיִן הֶהָדוּר:

18. He who is renowned for wisdom is regarded with respect.

יט. וְאָמַר שְׁתֹק וּתְנַצֵּל. שְׁמַע וְתַלְמוּד:

19. Be silent, and thou are safe, be attentive, and thou wilt be instructed.

כ. וְאָמַר אֵין דָּבָר שֶׁמּוֹעִיל לְאָדָם כְּדַעַת מַעֲלָתוֹ וְהַשָּׂגָתוֹ שִׂכְלוֹ בְּחָכְמָה וִידַבֵּר בְּפִיהֶם:

20. Nothing is more useful to man, than to be conscious of his station, the extent of his wisdom, and power of perception, by these only must his words be regulated.

כא. וְאָמַר. הָאָדָם חָכָם בְּעוֹדֶנּוּ מְבַקֵּשׁ הַחָכְמָה. וְכַאֲשֶׁר יַחֲשֹׁב שֶׁהִגִּיעַ אֶל תַּכְלִיתָהּ. הוּא סָכָל.

21. During the pursuit of wisdom man may be termed wise, but the conceit of having attained it, renders him a fool.

כב. וְאָמַר לֹא הִנְחִילוּ הָאָבוֹת לְבָנִים דָּבָר שֶׁהוּא חָשׁוּב מִן הַחָכְמָה. כִּי הָאָדָם קוֹנֶה הוֹן בְּחָכְמָה. וּמְאַבְּדוֹ בְּאֱוֶלֶת וְיִשָּׁאֵר חֲסַר כֹּל.

22. The most precious bequest is wisdom, for wealth is obtained by wisdom, but is forfeited by folly, to the inevitable sacrifice of all.

כג. וְאָמַר אִם תִּכָּנַע לִדְרשׁ הַחָכְמָה. תְּכֻבַּד כְּשֶׁדּוֹרְשִׁין אוֹתָהּ מִמְּךָ:

23. He who humbles himself in quest of wisdom, will in turn be honored by those who seek it of him.

כד. וְאָמַר הַחָכְמָה. הִיא הַיִּחוּס הַגָּדוֹל. וְהָאַהֲבָה. הִיא הַקֻּרְבָה הַקְּרוֹבָה:

24. Wisdom constitutes the noblest pedigree, and love the closest - tie.

כה. וְאָמַר. הַמְּלָכִים שׁוֹפְטֵי הָאָרֶץ. וְהַחֲכָמִים שׁוֹפְטֵי הַמְּלָכִים:

25. Kings judge the world, but the wise judge kings.

כו. וְאָמַר. רָצוֹן הֶחָכָם בְּחָכְמָה. וּרְצוֹן הַכְּסִיל בְּאִוֶּלֶת:

26. Wisdom is the delight of the wise - folly of the fool.

כז. וְאָמַר מָה טוֹב הַמַּעֲשֶׂה. תִּפְהוּ הַחָכְמָה. וּמָה טוֹבָה הַחָכְמָה תִּפְהוּ הַמַּעֲשֶׂה. וּמָה טוֹב הַמַּעֲשֶׂה תִּפְהוּ הַנַּחַת:

27. Admirable is the deed crowned by wisdom, delightful is wisdom crowned by practice, yet more excellent still is practice decked by gentleness and grace.

כח. וְאֵין דָּבָר שֶׁנִּלְוָה אֶל דָּבָר. טוֹב מִן הָעֲנָוָה אֶל הַחָכְמָה. וּמִן הַיְכֹלֶת אֶל הַמְּחִילָה:

28. There is no happier union than that of modesty with wisdom, and power with clemency.

16

כט. וְאָמַר מִי שֶׁמִּתְעַסֵּק בַּתּוֹרָה. לֹא יִתָּכֵן שֶׁיְּהֵא צַוָּארוֹ עָב
וְגוּפוֹ שָׁמֵן:

29. Robustness and obesity are seldom the
portion of the devotee to study and religion.

ל. וְצִוָּה הֶחָכָם אֶת בְּנוֹ. הֱיֵה חָכָם. וְלָמַד. וּמַאֲזִין. אוֹ אוֹהֵב
הַחָכְמָה. וְאַל תְּהִי הַחֲמִישִׁית פֶּן תְּאַבֵּד:

30. The wise man thus enjoined his son -
Endeavour to be wise, to learn, and to be
attentive, neglect these and thou art undone.

לא. וְאָמַר אֵין רָאוּי שֶׁתִּתְבַּיֵּשׁ לִשְׁאֹל כַּאֲשֶׁר אֵינְךָ יוֹדֵעַ. כְּדֵי
שֶׁתֵּדַע. וְלֹא תִתְבַּיֵּשׁ כְּשֶׁשּׁוֹאֲלִין מִמְּךָ מָה שֶׁלֹּא יָדַעְתָּ. לוֹמַר
אֵינִי יוֹדֵעַ:

31. Scruple not to be enlightened on subjects
of which thou art ignorant, so that thou be
spared the blush of confessing thine own folly.

לב. וְדַע כִּי מַעֲלַת הַשֵּׂכֶל מִן הָאֱמוּנָה. כְּמַעֲלַת הָרֹאשׁ מִן
הַגּוּף. כְּשֶׁיֹּאבַד הָרֹאשׁ. יֹאבַד הַגּוּף. וְכַאֲשֶׁר יֹאבַד הַשֵּׂכֶל.
תְּאַבֵּד הָאֱמוּנָה:

32. Know that the connexion of reason and
faith is as that of the head and the body, for as
the loss of the head necessarily entails that of
the body, so does the loss of reason involve that
of faith.

לג. וְאָמַר עֵרֶךְ כָּל אָדָם כְּפִי מָה שֶׁהוּא יוֹדֵעַ:

33. Man's worth is estimated according to
his knowledge.

לד. וְאָמַר אִם בְּנֵי אָדָם יְכַבְּדוּךָ לְעֹשֶׁר אוֹ לִשְׂרָרָה. אַל יֶעֱרַב

לָךְ. כִּי הַכָּבוֹד הַהוּא יִפְנֶה בִּפְנוֹתָם. אֲבָל יֶעֱרַב לְךָ אִם
יְכַבְּדוּךָ בִּשְׁבִיל הַחָכְמָה אוֹ בַּעֲבוּר יִרְאָה אוֹ בַּעֲבוּר מוּסָר:

34. Let not the honour bestowed on thy wealth and power elate thee, for that honour vanishes when they disappear, but gratifying indeed is that honour elicited by wisdom, fear of the Lord, and morality.

לה. וְאָמַר דּוֹמִים הַחֲכָמִים בָּאָרֶץ. לִמְאוֹרוֹת בַּשָּׁמַיִם:

35. The wise of the earth resemble the luminaries of the heavens.

לו. וְשָׁאֲלוּ לֶחָכָם מִי הֵם יוֹתֵר גְּדוֹלִים. הַחֲכָמִים אוֹ
הָעֲשִׁירִים. אָמַר הַחֲכָמִים:

36. It was asked of the sage - Who are superior, the wise or the rich, the wise, was his reply.

לז. אָמְרוּ לוֹ אִם כֵּן מִפְּנֵי מָה הַחֲכָמִים בְּפִתְחֵי הָעֲשִׁירִים
יוֹתֵר מֵהָעֲשִׁירִים בְּפִתְחֵי הַחֲכָמִים. אָמַר מִפְּנֵי שֶׁחֲכָמִים
מַכִּירִים מַעֲלַת הָעֹשֶׁר. וְהָעֲשִׁירִים אֵינָן מַכִּירִין מַעֲלַת
הַחָכְמָה.

37. But why, objected the querist, are the wise more frequently at the door of the rich, than the rich at the door of the wise, Because, rejoined he, the wise know the value of wealth, whilst the opulent do not know that of wisdom.

לח. וְאָמַר אֵין שְׂפָתַי חֲלָקוֹת מִדַּת הַמַּאֲמִין אֶלָּא בְּבַקָּשַׁת
הַחָכְמָה:

38. The true believer only condescends to flatter when he pursues wisdom.

לט. וְאָמַר תְּחִלַּת הַחָכְמָה שְׁתִיקָה. שְׁנִיָּה לָהּ שְׁמִיעָה. שְׁלִישִׁית זִכָּרוֹן. רְבִיעִית מַעֲשֶׂה. חֲמִישִׁית מוֹרֶה:

39. The first step to wisdom is silence, the second attention, the third memory, the fourth activity, the fifth study.

מ. וְאָמַר כְּשֶׁתֵּשֵׁב בֵּין הַחֲכָמִים. יְהִי רְצוֹנְךָ לִשְׁמֹעַ יוֹתֵר מִלְּדַבֵּר:

40. In the assembly of the wise be more disposed to listen than to speak.

מא. וְאָמַר מִי שֶׁעוֹבֵד כָּרָאוּי אֶת הַשֵּׁם יְלַמְּדֵהוּ ה' אֶת הַחָכְמָה וְיִרְאוּ אֶת מַבּוּעֶיהָ מִלִּבּוֹ עַל לְשׁוֹנוֹ.

41. God will bestow wisdom on those who truly revere him, and her outpourings will be conveyed from the heart to the tongue.

מב. וְאָמַר אֵין הָאָדָם חָכָם עַד שֶׁיִּהְיוּ בּוֹ שָׁלֹשׁ מִדּוֹת. שֶׁלֹּא יִבְזֶה מִי שֶׁהוּא קָטָן מִמֶּנּוּ בְּעוֹדוֹ דּוֹרֵשׁ אֶת הַחָכְמָה. וְאֶל יְקַנֵּא בְּמִי שֶׁגָּדוֹל מִמֶּנּוּ בְּמָמוֹן. וְשֶׁלֹּא יְקַבֵּל שָׂכָר עַל חָכְמָתוֹ:

42. He alone can be considered wise who possesses the following three qualities, not to despise inferiors in their endeavours to attain wisdom, not to envy those who are wealthier than himself, and not to barter his wisdom for lucre.

מג. וְאָמַר שְׁאַל אֶת הַחֲכָמִים שְׁאֵלַת הַשּׁוֹטִים. וְשָׁמוֹר שְׁמִירַת הַנְּדִיבִים:

43. Seek wisdom even in the language of folly, but impart it unsparingly and with discretion, after the manner of the liberal.

19

מד. וְאָמַר הַטּוֹבָה שֶׁבְּמִדּוֹת הָאָדָם. שֶׁיִּהְיֶה שׁוֹאֵל:

44. Man's most estimable peculiarity is an inquiring mind.

מה. וְאָמַר מִי שֶׁלָּבַשׁ בְּבַקָּשַׁת הַחָכְמָה לְבוּשׁ הַבֹּשֶׁת. יִלְבֹּשׁ מֵהַכְּסִילוּת אֵפוֹד מְעִיל. וְעַל כֵּן תִּקְרְעוּ מְעִיל הַבֹּשֶׁת בְּבַקָּשַׁת הַחָכְמָה:

45. He who seeks wisdom in the garb of bashfulness, will be enveloped in the attire of folly, let therefore the votary of wisdom divest himself of that garb.

מו. וְאָמַר כָּל מִי שֶׁרַבּוּ פָנָיו. תַּמְעִיט חָכְמָתוֹ:

46. Arrogance diminishes wisdom.

מז. וְאָמַר הֶחָכָם - מָצָאתִי הַחָכְמָה בֵּין הַבֹּשֶׁת וְהַסֵּבֶל. וּשְׁאֵלַת הַכְּסִיל בֵּין הַבֹּשֶׁת וְהַגַּאֲוָה:

47. The wise man continues - Wisdom is ever found accompanied by diffidence and patience, and the interrogatories of the fool by meanness and pride.

מח. וְאָמַר עִם הַפַּחַד. תְּאַבֵּד תִּקְוָה. וְעִם הַבֹּשֶׁת חֶסְרוֹן הַחָכְמָה:

48. Timidity is incompatible with hope, as is bash fulness with wisdom.

מט. וְהַחָכְמָה אֲבֵדַת הַמַּאֲמִין. צָרִיךְ שֶׁיְבַקְשֶׁנָּה אֲפִלּוּ בִּידֵי הַכּוֹפְרִים:

49. It is imperative on the true believer to repair the loss of wisdom, even through the medium of the sceptic.

נ. וְצִוָּה הֶחָכָם לִבְנוֹ לָמַד אֶת הַחָכְמָה. כִּי אִם תִּהְיֶה קָטָן עִם זֶה תִּהְיֶה גָּדוֹל עִם אַחֵר:

50. The sage recommended his son, to be untiring in the acquisition of wisdom, for though, said he, thou mayest be subordinate to some, thou will prove superior to others.

נא. וְאָמַר כַּמָּה מְגֻנָּה הַסִּכְלוּת בַּזָּקֵן.

51. How degrading is folly in old age.

נב. וְאָמַר לַמֵּד חָכְמָה לְמִי שֶׁאֵינוֹ יוֹדֵעַ. וְלִמּוּד מִמִּי שֶׁיּוֹדֵעַ. וְכַאֲשֶׁר תַּעֲשֶׂה זֶה תֵּדַע מַה שֶּׁלֹּא יָדַעְתָּ. וְתִזְכֹּר אֶת אֲשֶׁר יָדַעְתָּ:

52. Impart learning to the ignorant, and receive it from the erudite, thus, wilt thou acquire that of which thou art ignorant, and retain that which thou hast acquired.

נג. וְאָמַר בַּקָּשַׁת הַחָכְמָה בִּימֵי הַזִּקְנָה כְּתָיו עַל הַחוֹל. וּבַקָּשַׁת הַחָכְמָה בִּימֵי הַנְּעָרוֹת כְּפָתוּחַ עַל הָאֶבֶן:

53. Wisdom sought after in old age fades like letters traced in sand, whilst that obtained in youth may endure like characters engraved in stone.

נד. וְאָמַר אַל תִּמְסְרוּ הַחָכְמָה לְמִי שֶׁאֵינוֹ רָאוּי לָהּ פֶּן תַּחְמְסוּהָ. וְאַל תִּמְנָעוּהָ מֵאַנְשֶׁיהָ פֶּן תַּחְמְסוּ אוֹתָהּ. וְאַל תִּגְמְלוּ רָשָׁע כְּרִשְׁעָתוֹ. פֶּן יֹאבַד שְׂכַרְכֶם אֵצֶל הַבּוֹרֵא:

54. Withhold knowledge from the unworthy, lest you wrong wisdom, refuse it not from the deserving, lest you wrong them, nor requite the wicked according to their wickedness, lest you forfeit the reward of your Creator.

נה. וְאָמַר הַזְּרִיזוּת. שֶׁתִּשְׁמֹר מָה שֶׁצֻּוִּתְ בּוֹ לַעֲשׂוֹת. וְתַעֲזֹב מָה שֶׁלֹּא צֻוֵּית בּוֹ.

55.   Obedience consists in our promptitude to observe the commands enjoined on us, and in abstaining from things prohibited to us.

נו. וְאָמַר הֶחָכָם. לֹא יְגַנֶּה אוֹתוֹ הָרָשׁ. וְלֹא תַּעֲבִירֵהוּ הַתַּאֲוָה.
[י"א תַּעֲבִירֵהוּ]:

56.   Poverty can never disgrace the wise man, nor will lust subdue him.

נז. וְאָמַר כִּי כְּסִיל הֵשִׁיב עַל אָדָם חָכָם. אָמַר לוֹ הֶחָכָם אִם הָיִיתָ יוֹדֵעַ מָה שֶׁאֲנִי אוֹמֵר. לֹא הָיִיתָ מְבַזֶּה אוֹתִי. אוֹ אִם לֹא הָיִיתִי מַכִּיר מָה שֶׁאַתָּה אוֹמֵר. הָיִיתִי מַאֲשִׁים אוֹתְךָ. אַךְ לֹא יָדַעְתָּ אֶת אֲשֶׁר דִּבַּרְתִּי. עַל כֵּן הֶאֱשַׁמְתַּנִי. וְיָדַעְתִּי סָכָלַתְךָ. וְדָנַתִּךָ לִזְכּוֹת:

57.   The sage who was once contradicted by an illiterate man, thus replied - Hades thou been able to appreciate my words, thou wouldst have acquiesced in them, or had I not penetrated thy meaning, I should have condemned thee, but though thy ignorance merit reproach, I who know thy folly acquit thee.

נח. וְאָמַר כָּל חָכְמָה שֶׁלֹּא יְדֻבַּר בָּהּ. כְּמַטְמוֹן שֶׁאֵין מוֹצִיאִין מִמֶּנּוּ:

58.   Wisdom lying dormant is like an unproductive treasure.

נט. וְאָמַר הַחָכְמָה שְׁנֵי חֲלָקִים. הַחָכְמָה שֶׁבַּלֵּב. הִיא הַחָכְמָה שֶׁמּוֹעִילָה. וְהַחָכְמָה שֶׁבְּלָשׁוֹן. מִבְּלִי מַעֲשֶׂה. וְהִיא טַעֲנַת הַבּוֹרֵא עַל בְּרוּאָיו.

59.　Wisdom may be comprised under the following two heads - the wisdom of the heart which is of real effect, and the wisdom of the tongue unaccompanied by deeds, the one is the most useful, the other causes man to incur the reproach of his maker.

ס. וְאָמַר דֵּעוֹת בְּנֵי אָדָם אַרְבַּע. יוֹדֵעַ וְיוֹדֵעַ שֶׁיּוֹדֵעַ. חָכָם. שְׁאַל מֵאִתּוֹ. יוֹדֵעַ וְאֵינוֹ יוֹדֵעַ שֶׁיּוֹדֵעַ. תַּכִּירֵהוּ וַעֲזֹרֵהוּ שֶׁלֹּא יְהֵא נִשְׁכַּח. אֵינוֹ יוֹדֵעַ. וְיוֹדֵעַ שֶׁאֵינוֹ יוֹדֵעַ. לַמְּדַהוּ. אֵינוֹ יוֹדֵעַ וְהוּא מַרְאֶה. בְּעַצְמוֹ שֶׁיּוֹדֵעַ. סָכָל הוּא הַרְחִיקֵהוּ:

60.　Mankind may be classified thus. **1st**. the learned man, who is conscious of his learning, he may be termed truly wise - of him shalt thou seek knowledge. **2nd**. If learned, but unconscious of his learning, remind him of it [that he may not further forget it]. **3rd**. If ignorant, and aware of his ignorance, instruct him. **4th**. But if ignorant, and assuming to be learned, he is a fool, dismiss him.

סא. וְאָמַר אַל תֹּאמַר בָּמָה שֶׁלֹּא תֵדַע. אֵדַע. פֶּן תֵּחָשֵׁד בָּמָה שֶׁתֵּדַע:

61.　He used to say, pretend not to that of which thou art ignorant, lest thine actual knowledge should be discredited.

סב. וְאָמַר אֵין מִדָּה שֶׁאַחֲרִיתָהּ לְטוֹבָה כֶּאֱמוּנַת אֱלֹהִים. וּכְבוֹד הָאָבוֹת. וְאַהֲבַת הַחָכְמָה. וְשָׁמוֹעַ מוּסָר:

23

62. No virtues lead to more felicitous results than faith in God, honour to parents, love to wisdom, and attention to moral instruction.

סג. וְאָמַר מַעֲשֵׂה הַכְּסִיל בְּעֵת חָטְאוּ שֶׁמַּאֲשִׁים בְּנֵי אָדָם. וּמַעֲשֵׂה מְבַקֵּשׁ הַמּוּסָר שֶׁמַּאֲשִׁים אֶת עַצְמוֹ. וּמַעֲשֵׂה הֶחָכָם הֶחָסִיד שֶׁלֹּא יַאֲשִׁים לֹא עַצְמוֹ וְלֹא אֲחֵרִים:

63. The fool is prone to impute his faults to others, the votary of moral improvement will freely confess his errors, but the truly pious and wise will endeavour to avoid either.

סד. וְאָמַר אַל תֵּבוֹשׁ לְקַבֵּל הָאֱמֶת מֵאֵיזֶה מָקוֹם שֶׁיָּבוֹא אֲפִלוּ מֵאָדָם פָּחוּת:

64. Be ready to accept truth from whomsoever it may emanate, even from inferiors.

סה. וְאָמַר מִי שֶׁמִּתְחַכֵּם מִבְּלִי חָכְמָה. כַּחֲמוֹר הָרַחִים סוֹבֵב סוֹבֵב וְאֵינוּ זָז מִמְּקוֹמוֹ:

65. He who would philosophize without wisdom, may be compared to an ass, which moves round the millstone, without advancing beyond it.

סו. וְאָמַר חָמְלוּ עַל נִכְבָּד שֶׁנָּקַל. וְעַל עָשִׁיר שֶׁנּוֹרָשׁ. וְעַל חָכָם שֶׁנָּפַל בֵּין הַפְּתָאִים.

66. The sage observed, Pity the noble hearted who has fallen, the rich that has become reduced, and the wise, whose lot is cast amongst the fools.

24

סז. וְאָמַר אֵין מִי שֶׁצָּרִיךְ לַחֲמֹל עָלָיו. כְּחָכָם שֶׁנָּפַל עָלָיו דִּין
כְּסִיל:

67.　None deserves our pity more than the wise who has become subjected to the judgment of fools.

סח. וְאָמַר אַל תַּשְׁלִיכוּ הַפְּנִינִים לִפְנֵי הַחֲזִירִים. כִּי אֵינָם
עוֹשִׂים בָּהֶם מְאוּמָה. וְאַל תִּמְסְרוּ הַחָכְמָה לְמִי שֶׁאֵינוֹ יוֹדֵעַ
מַעֲלָתָהּ. כִּי הִיא יְקָרָה מִפְּנִינִים. וּמִי שֶׁאֵינוֹ דוֹרֵשׁ אוֹתָהּ רַע
יוֹתֵר מֵהַחֲזִיר:

68.　Cast not pearls to the swine, for they are valueless to them, intrust not wisdom to him, who cannot appreciate it, for wisdom is dearer than pearls, and he who seeks it not, is inferior to the brute.

סט. וְאָמַר הֶחָכָם שֶׁאֵינוֹ עוֹשֶׂה בְּחָכְמָתוֹ. תּוֹכַחְתּוֹ נוֹפֶלֶת עַל
הַלְּבָבוֹת. כַּאֲשֶׁר יִפֹּל הַגֶּשֶׁם עַל הָאֲבָנִים. וְאָמַר מִי שֶׁאֵין
דְּבָרָיו דוֹמִין לְמַעֲשָׂיו. הוּא מְבַיֵּשׁ מַעֲשָׂיו וְעַצְמוֹ וְאֶת נַפְשׁוֹ.
עַל כֵּן כְּשֶׁיֵּצֵא הַדָּבָר מִן הַלָּשׁוֹן בְּלִי לֵב לֹא יַעֲבֹר הָאֹזֶן:

69.　The sage observes - The exhortation of the wise, unaccompanied by practice, falls on the heart as rain on stone, and he whose words are at variance with his deeds disgraces himself, hence, words which emanate not from the heart can never penetrate the ear.

ע. וְאָמַר אֵין אָדָם מַכִּיר בְּטָעוּת מְלַמְּדוֹ. עַד שֶׁיֵּדַע
הַמַּחְלָקוֹת:

70.　We can only be sensible of the errors of our preceptors, when we have heard their doctrines contested.

עא. וְשָׁאֲלוּ לֶחָכָם הָאֵיךְ נָאֶה לַזָּקֵן שֶׁיִּלְמֹד, וְאָמַר אִם
הַכְּסִילוּת גְּנַאי הוּא לוֹ. הַלִּמּוּד נָאֶה לוֹ:

71.   On being asked, whether the acquisition
of knowledge befits old age, the sage replied, if
ignorance be a disgrace, then must learning be
an ornament.

עב. וְאָמַר אַרְבָּעָה דְּבָרִים אֵין אָדָם חָשׁוּב מִתְגַּדֵּל בָּהֶם.
שָׁקוּם מִמְּקוֹמוֹ לְאָבִיו. וְשֶׁיְכַבֵּד אוֹרְחָיו. וְשֶׁיְעַיֵּן עִנְיְנוֹ
מֵרְכְבוֹתָיו אֲפִלּוּ יֵשׁ לוֹ מֵאָה עֲבָדִים. וְשֶׁיְכַבֵּד הֶחָכָם לָקַחַת
מֵחָכְמָתוֹ:

72.   True dignity will never scorn the
performance of the following four duties. **1st.**
To rise from his seat before his parent. **2nd.** To
wait upon his guest. **3rd.** To devote personal
attention to the state of his horses, equipage,
and property, though he may have a hundred
servants to do it. **4th.** To respect the learned, so
as to profit by their wisdom.

עג. וְאָמַר מִי שֶׁיּוֹשֵׁב בֵּין הַחֲכָמִים מְכֻבָּד. וּמִי שֶׁיּוֹשֵׁב בֵּין
הַכְּסִילִים נִבְזֶה:

73.   The society of the wise confers honour,
that of the ignorant contempt.

עד. וְאָמַר הִזָּהֲרוּ מִן הַכְּסִיל שֶׁעוֹבֵד. וּמִן הֶחָכָם הַחוֹטֵא:

74.   Avoid the ignorant who feign piety, and
the learned man who is sinful.

עה. וְאָמַר בַּקָּשַׁת הַחָכְמָה כְּחִפּוּשׂ הַמַּטְמוֹנִים. וְלֹא יַעַרְכֶנָּה
זָהָב וּפְנִינִים:

75.   Seek wisdom with the avidity with

which thou wouldst search for hidden treasures, for it is more precious than gold and silver.

פֶּרֶק ב Chapter 2

א. אָמְרוּ לְחָכָם. סַפֶּר לָנוּ מַהוּ הַבּוֹרֵא. אָמַר הַדָּבוּר בְּמָה שֶׁלֹּא יֻשַּׂג אוֹלֶת יֶחָשֵׁב. וְהַמַּחְלֹקֶת בְּמָה שֶׁלֹּא תַּגִּיעֵהוּ הַמַּחֲשָׁבָה. חֵטְא הוּא:

2. The wise man was asked, who is the Creator, he replied, to discuss a subject which cannot be comprehended is folly, and to dispute on matters beyond the power of conception is sinful.

ב. וְאָמַר שֶׁחָכָם נִכְנַס עַל אֲנָשִׁים שֶׁהָיוּ חוֹלְקִים בַּדְּבָרִים. אָמַר לָהֶם לֹא תְּשַׁלֵּם לָכֶם הָעֵצָה. אָמְרוּ לוֹ וְלָמָּה. אָמַר לָהֶם שֶׁהָעֵצָה הִיא הַהַסְכָּמָה:

77. He used to say, A wise man chancing to enter an assembly of disputants, addressed them as follows - Your argument will never lead to a satisfactory result. On being asked, Wherefore, he replied, A successful result would imply unanimity of opinion.

פֶּרֶק ג Chapter 3

א. אָמַר הֶחָכָם. קֶרֶן הַמַּשְׂכִּיל עֲנָוָה. קֶרֶן כְּסִיל עַזּוּת. וְעֵקֶב
כָּל עֲנָוָה שָׁלוֹם:

1.　The wise man says, Diffidence is the
diadem of the intelligent, the characteristic of
the fool is boldness, and the result of all
diffidence is peace.

ב. וְאָמַר הֶחָכָם אֲנִי שׁוֹמֵעַ דָּבָר רַע וְלֹא אַשְׁגִּיחַ עָלָיו אֵל.
וְלָמָּה. אָמַר לוֹ מִפְּנֵי שֶׁאֲנִי יָרֵא שֶׁאֶשְׁמַע קָשֶׁה מִמֶּנּוּ:

2.　He used to say, Evil words fall
harmlessly on my ears. On being asked for a
reason, he answered, it is from the dread of
hearing epithets harsher still.

ג. וְאָמַר הַשְּׁתִיקָה לַכְּסִיל. הִיא תְּשׁוּבָתוֹ:

3.　Silence is the reply adapted to folly.

ד. וְאָמַר שְׁלֹשָׁה דְּבָרִים מִי שֶׁאֵינָם בּוֹ לֹא יִמְצָא בּוֹ טַעַם
הָאֱמוּנָה. עֲנָוָה שֶׁיָּשִׁיב בָּהּ אוֹלַת הַכְּסִיל. וְיִרְאָה שֶׁתִּמְנַע מִן
הָעֲבֵרוֹת. וְדַעַת נוֹחָה שֶׁיְּפַיֵּס בְּנֵי אָדָם.

4.　He who is deficient of the following
three qualities cannot be said to have the least
idea of faith - First, meekness to reply to folly,
second, piety to guard from sin, and third,
gentleness to reconcile himself with mankind.

ה. וְאָמַר שֶׁאָדָם אֶחָד בָּא בָא לִפְנֵי חָכָם אֶחָד וְאָמַר לוֹ אֲנִי
רוֹאֶה בְּנֵי אָדָם שֶׁהֵם מַזִּיקִים וְנַפְשִׁי יְעַצַּתַּנִי שֶׁלֹּא אֶתְעָרֵב

עִמָּהֶם. אָמַר לוֹ לֹא תַּעֲשֶׂה כִּי לֹא תוּכַל לַעֲמֹד בִּלְעֲדֵיהֶם. וְגַם הֵם אֵינָם יְכוֹלִים לַעֲמֹד בִּלְעָדְךָ. כִּי הֵם צְרִיכִים לְךָ וְאַתָּה צָרִיךְ לָהֶם. אַךְ הֱיֵה בִּפְנֵיהֶם חֵרֵשׁ שׁוֹמֵעַ. עִוֵּר רוֹאֶה. אִלֵּם מְדַבֵּר:

5. A certain man thus addressed a philosopher - Mankind, I perceive, are prone to injure, hence mine ardent desire to shun their intercourse. The sage, however, replied, do not so, for thou canst as little dispense with them as they with thee, but seem in their presence as one who hears and is deaf, who speaks and is dumb, and who sees and is blind.

ו. וְאָמַר אֵין זוֹ טוֹבָה שֶׁתִּמָּנַע מֵהַזִּיק. אֲבָל מִדָּה טוֹבָה הִיא שֶׁתִּסְבֹּל הַנֶּזֶק:

6. There is no merit in sparing pain to others, but in our efforts to bear it patiently.

ז. וְשָׁאֲלוּ לֶחָכָם מָה הַמִּדּוֹת הַטוֹבוֹת, אָמַר סְבָל. וְהַמִּדּוֹת הָרָעוֹת, אָמַר נְקָמָה:

7. It was asked of the sage, in what one virtue are all the rest comprised, Patience, was his answer. And in what single vice are all others concentrated, Vindictiveness.

ח. וְאָמַר אָדָם אֶחָד גִּדֵּף אָדָם חָכָם. אָמַר לוֹ אֶחָד מִתַּלְמִידָיו רַבִּי תֵּן לִי רְשׁוּת בּוֹ. אָמַר לוֹ הֶחָכָם. אֵינוֹ חָכָם מִי שֶׁמַּרְשֶׁה לְרָעָה:

8. A wise man having been treated with contumely, one of his disciples asked permission to retaliate. No, replied the sage, he is no wise man who authorizes another to inflict injury.

ט. וְאָמַר מִי שֶׁרַב סָבְלוֹ. רַבּוּ עַנְוְתָנוּתוֹ. יִמְעֲטוּ חוֹמְסָיו וַיִּרְבּוּ עוֹזְרָיו:

9.   He who possesses abundant patience and meekness will witness the diminution of his oppressors, and the increase of his supporters.

י. וְאָמַר אַחֲרִית כָּל קְטָטָה חֲרָטָה. וְאַחֲרִית כָּל עֲנָוָה שָׁלוֹם:

10.   It was a favourite observation of the sage, that discord ends in regret, and meekness in harmony.

יא. וְאָמַר מִי שֶׁהוּא עָנָיו יִהְיֶה אָדוֹן. וּמִי שֶׁיִּתְבּוֹנֵן יוֹסִיף לֶקַח חָכְמָה:

11.   The unassuming acquire superiority, and the reflective wisdom.

יב. וְאָמַר אֲנִי מְנַשֵּׂא עַצְמִי שֶׁיְּהֵא שׁוּם עָוֹן שׁוֹקֵל יוֹתֵר מִפְּשָׁעָי:

12.   I never prided myself on being a more rigorous scrutinizer to my least delinquencies, Vide Appendix. than to the heaviest transgressions of my fellow-creatures.

יג. אָמַר מִי שֶׁאֵינוֹ מוֹשֵׁל בְּכַעֲסוֹ. אֵין שִׂכְלוֹ שָׁלֵם:

13.   He who cannot control his anger does not possess perfect wisdom.

יד. וְאָמַר הַשְּׁתִיקָה מֵעֲנוֹת הַשּׁוֹטֶה. טוֹב מֵעֲנָנָתוֹ:

14.   Silence is the fittest reply to folly.

טו. וְאָמַר אֵיזֶה גִבּוֹר. מִי שֶׁמֵּשִׁיב אֶת הָאוֹלָת מֵעַנְוָתוֹ וְכוֹבֵשׁ
אֶת כַּעֲסוֹ:

15. On asking the sage who may be truly termed a hero, he replied, He who can requite folly with meekness, and subdue his anger.

טז. וְאָמַר כָּל מִי שֶׁאֵינוֹ מוֹשֵׁל בְּרוּחוֹ בִּשְׁעַת כַּעֲסוֹ כָּל שֶׁכֵּן
שֶׁאֵינוֹ מוֹשֵׁל בְּזוּלָתוֹ:

16. For how can he rule over others who cannot govern himself.

יז. וְאָמַר הֶעָנָו. מֶרְכֶּבֶת הַכְּסִיל:

17. Humility is often made the butt of folly.

יח. וְאָמַר מִי שֶׁלֹּא סָבַל דָּבָר אֶחָד. יִשְׁמַע דְּבָרִים הַרְבֵּה.

18. Impatience under one wrong will necessitate the endurance of many more.

יט. וְאָמַר הָעֹז וְהַנִּצּוּחַ. לֶעָנָו:

19. Power and victory are often the lot of the humble.

כ. וְאָמַר תְּחִלַּת רוּחַ הֶעָנָו. שֶׁיַּעַזְרוּ אוֹתוֹ בְּנֵי אָדָם עַל הַסֵּבֶל:

20. Modesty enlists mankind to combat the assaults of folly.

כא. וְאָמַר שֶׁאָדָם אֶחָד גֵּדֵף חָכָם. אָמַר לוֹ אַל תַּפְלִיג
בְּגִדּוּפֶנוּ. וְהַנַּח לְשָׁלוֹם מָקוֹם:

21. A wise man thus reproached one who vituperated him - Be lenient to my faults, and leave room for reconciliation.

32

כב. וְאָמַר מִי שֶׁשָּׁמַע דָּבָר שֶׁאֵינוֹ כִּרְצוֹנוֹ וְשׁוֹתֵק עָלָיו. יִפְסֹק מִמֶּנּוּ מָה שֶׁמּוֹאֵס בּוֹ. וְאִם יַעֲנֶה עָלָיו יִשְׁמַע מָה שֶׁמּוֹאֵס בּוֹ יוֹתֵר:

22. To bear quietly that which is unpleasant, will prevent harsher epithets.

כג. וְאָמַר מָצָאתִי הָעֲנָוָה שֶׁהִיא עוֹזֶרֶת לִי מִכָּל אֲנָשָׁי:

23. I find diffidence more valuable than the aid of mankind.

כד. וְאָמַר שֶׁאָדָם אֶחָד גִּדֵּף חָכָם אֶחָד. וְרָדַף אַחֲרָיו עַד בֵּיתוֹ הוֹלֵךְ וּמְגַדֵּף. אָמַר לוֹ הֶחָכָם אָמוּר פֹּה מָה שֶׁבְּלִבְּךָ וְשׁוּב לְךָ. קֹדֶם שֶׁיִּשְׁמָעוּךְ קְצָת מִנְבָלֵינוּ וְתִשְׁמַע מָה שֶׁתִּמְאַס וַתִּקַּח מַכּוֹת בִּשְׂכַר רֹע מַעֲלָלֶיךָ:

24. A sage was annoyed by the abuse of one who followed him to his door, heaping on him a torrent of reproachful epithets. Be brief, said the philosopher, and leave me, lest thy slander should be overheard by my menials, who may then compel thee to hear that which may displease thee, and repay thy slander with castigation.

כה. וְאָמַר שֶׁאָדָם אֶחָד גִּדֵּף חָכָם אֶחָד. אָמַר לוֹ הֶחָכָם אַתָּה לֹא הִנַּחַת מְאוּמָה מִמָּה שֶׁיָּדַעְתָּ בִּי. וּמָה שֶׁיָּדַע בְּךָ הַבּוֹרֵא יוֹתֵר:

25. The following observation was made by the sage who was abused by a querulous man - Thou hast omitted none of my failings of which thou art cognizant, but those which God knows of thee are still more.

כו. וְאָמַר בִּמְשֹׁךְ הַכַּף אֶל תַּחֲטִיאֶךְ:

26.   Error is incompatible with regularity. Vide Appendix.

כז. וְאָמַר דּוֹחִים בְּסֵבֶל צַעַר מָה שֶׁהוּא גָּדוֹל מִמֶּנּוּ:

27.   Patience under ordinary misfortunes lightens troubles more serious.

כח. וְאָמַר מִי שֶׁבָּחַר בְּטוֹב. יִבְרַח מִן הָרַע:

28.   To choose good is to avoid evil.

פֶּרֶק ד Chapter 4

א. אָמַר הֶחָכָם הַמְּחִלָּה לַנָּבָל. כְּפִי שֶׁהַגְּוֵן לַנָּדִיב:
1.   The sage observes, Pardon is alike due to the sordid and the generous.

ב. וְאָמַר מְחַל עַל שֶׁהֵרַע לָךְ. וְתֵן לְמִי שֶׁמָּנַע מִמְּךָ:
2.   Extend thy pardon to him who wronged thee, and thy charity to him who has withheld it from thee.

ג. וְאָמַר הַהוֹדָאָה בְּעָוֹן הַטַּעֲנָה כְּבַקָּשַׁת הַמְּחִילָה:
3.   Sins confessed is a solicitation for forgiveness.

ד. וְאָמַר הוֹדָה בְּעֲוֹנְךָ וּבַקֵּשׁ מְחִילָה כִּי כְּפִירַת הֶעָוֹן שְׁתֵּי הָעֲוֹנוֹת:
4.   Confess thy sins and crave forgiveness, for denial doubles the offence.

ה. וְאָמַר מְחַל חֵטְא אוֹהֲבֶךָ. וְאַל תִּתְגַּלֶּה לְשׂנַאֲךָ:
5.   Pardon the sin of thy friend, and contend not with thine enemy.

ו. וְאָמַר אִם תָּקוּם תִּדְאַג. וְאִם תִּמְחֹל תַּעֲלֹץ:
6.   Revenge produces sorrow, pardon gladness.

ז. וְאָמַר כִּי מֶלֶךְ צִוָּה לַהֲרֹג עֲדַת אֲסִירִים. אָמַר אֶחָד מֵהֶם אֲדוֹנִי מֶלֶךְ אִם אֲנַחְנוּ הִרְעַנוּ לַחֲטֹא. הֲלֹא אַתָּה תָּטִיב כְּשֶׁתֹּאמַר הִרְפּוּ לְאֵלֶּה הַנְּבָלִים. וְלֹא הָיָה אָדָם בָּהֶם שֶׁהֵטִיב

35

לְדַבֵּר כָּזֶה. וְנִמְנַע הַמֶּלֶךְ וְלֹא הֲרָגָם:

7. It is recorded of a king, who had decreed the execution of a band of malefactors, that one of the condemned craved forgiveness in the following expressive terms. Wicked as we were, O lord king, in committing sins, yet let not that preclude the exercise of thy royal clemency to spare our wretched lives. These expressive words pleased the king, who tempered justice with mercy, and granted pardon.

ח. וְאָמַר כִּי מֶלֶךְ אֶחָד צִוָּה לַהֲרֹג חָכָם אֶחָד. אָמַר לוֹ אֶחָד מִיּוֹעֲצָיו אַתָּה יָכוֹל לַעֲשׂוֹת מָה שֶׁלֹּא עָשִׂיתָ יוֹתֵר מֵהָשֵׁב מָה שֶׁעָוִית. וְנִמְנַע וְלֹא הֲרָגוּם:

8. A certain king ordered the execution of a philosopher, one of the counsellors pleaded for him in the following terms - My lord, though thy power may enable thee to accomplish an act, yet can it ever enable thee to undo one, the king reflected and revoked the fatal decree.

36

Chapter 5 פֶּרֶק ה

א. אָמַר הֶחָכָם הַמְתֵּן וּתְנַצֵּל. מַהֵר וְתִתְחָרֵט:
1. The sage observed, reflection ensures safety, precipitancy regret.

ב. וְאָמַר הַמַּתָּן אַחֲרִיתוֹ טוֹבָה. וְהַמְּהִירוּת אַחֲרִיתוֹ רָעָה:
2. Reflections may produce prosperity, haste, misfortune.

ג. וְאָמַר מִי שֶׁרוֹכֵב. בִּמְהִירוּת אֵינוֹ בָּטוּחַ מִן הַמִּכְשׁוֹל:
3. The fleet rider is not secure from stumbling.

ד. וְאָמַר יֵשׁ מַמְתִּין וּמַגִּיעַ לְחֶפְצוֹ. וּמְמַהֵר וְנִכְשָׁל:
4. We often accelerate by reflection, whilst we retard by impetuosity.

פֶּרֶק ו Chapter 6

א. אָמְרוּ לֶחָכָם לָמָּה אֵין אָנוּ רָאִין עָלֶיךָ סִימָן דְּאָגָה. אָמַר לָהֶם. מִפְּנֵי שֶׁלֹּא קָנִיתִי דָּבָר וּפְקַדְתִּיו וְדָאַגְתִּי עָלָיו:

1. They asked the wise man, why do we not perceive in thee the least trace of care, Because, replied he, the loss of fortune never occasioned me regret.

ב. וְאָמַר אֵין לְךָ דָּבָר שֶׁאֵין לוֹ גֶּדֶר:

2. He used to observe, everything must be defined by a certain standard.

ג. אָמַר לוֹ מַהוּ הַגֶּדֶר. אָמַר הַבִּטָּחוֹן. אָמַר לוֹ מַהוּ גֶּדֶר הַבִּטָּחוֹן. אָמַר הָאֱמוּנָה. אָמַר לוֹ וּמַהוּ גֶּדֶר הָאֱמוּנָה. אָמַר שֶׁלֹּא תִּירָא דָּבָר - וְאָמְרוּ לֶחָכָם מַהוּ גֶּדֶר הָאֱמוּנָה. אָמַר הַבִּטָּחוֹן בֵּאלֹהִים וְרָצוֹת בִּגְזֵרוֹתָיו וְהַמֶּסָר אֵלָיו:

3. Being asked, for instance, how he would define confidence, by faith, was his reply, to the further interrogatory, as to what constitutes faith, he rejoined, to fear no man, to rely on God, to bear patiently his visitations, and to be submissive to his decrees.

ד. וְאָמַר הַשִּׂמְחָה וְהַמְּנוּחָה בְּרָצוֹן. וְהַדְּאָגָה וְהָאֵבֶל בְּהַקְצָפָה:

4. Joy and ease are associated with equanimity, care and vexation with impetuosity.

ה. וְאָמַר אֵין דָּבָר גָּדוֹל מִן הָאֱמוּנָה. וּקְצָת בְּנֵי אָדָם סוֹבְלִים

38

הַפְּגָעִים הָאֵלֶּה כְּרָש וְחֹלִי וְהַפַּחַד. וְדַע כִּי כָל אֵלֶּה מִשַּׁעֲרֵי
הָאֱמוּנָה:

5. Nothing transcends faith - it is our
safeguard against the direct hardships of
poverty, sickness, and dread, this protection
faith only can afford.

ו. וְאָמַר הֶחָכָם. בְּנֵי אָדָם שַׁאֲלוּ מֵאֱלֹהֵיכֶם שִׂיחוֹן אִתְּכֶם
הָאֱמוּנָה. כִּי הָאֱמוּנָה רֹאשׁ הַתּוֹרָה. וּבַקְשׁוּ מִמֶּנּוּ הַשַּׁלְוָה כִּי
הִיא רֹאשׁ הַגְּדוֹלָה. בִּנְעִימוּת תְּבַקְשׁוּהָ בָּעוֹלָם הַזֶּה וּבָעוֹלָם
הַבָּא. וְדַי בֶּאֱמוּנָה עֹשֶׁר. וּבָעֲבוֹדָה עָסֶק:

6. Man should fervently supplicate the
grace of God to imbue him with the spirit of
faith, for faith is the basis of the holy law. Man
should further implore him for tranquillity, for
that is the summit of felicity, tranquillity
should be pursued with avidity in this world, so
as to ensure happiness in the world to come -
for inexhaustible are the treasures of faith, and
unbounded the scope of pious actions.

ז. וְאָמַר הַטֶּרֶף אֵין מוֹצְאוֹתָיו חֲרִיצוּת וְלֹא מוֹנַעְתּוֹ שְׂנְאַת
הַשּׂוֹנֵא. אִלּוּ הָיָה אֶחָד בּוֹרֵחַ מַטְרְפוֹ כַּאֲשֶׁר בּוֹרֵחַ מִן הַמָּוֶת.
הָיָה טוֹרְפוֹ רוֹדֵף אַחֲרָיו יוֹתֵר מִמֶּנּוּ וּמְמַהֵר לְהַשִּׂיגוֹ יוֹתֵר:

7. Our industry will not always secure our
subsistence, nor will the craftiness of others
retard it, for were man even to flee from gain
as he flees from death, still gain would overtake
him.

ח. וְאָמַר מִי שֶׁאֵינוֹ רוֹצֶה בִּגְזֵרַת הַבּוֹרֵא אֵין לְשְׁטוּתוֹ
רְפוּאָה:

39

8.　　Irremediable is the folly of him who murmurs against the decrees of his Creator.

פֶּרֶק ז 7 Chapter

א. אָמַר לֶחָכָם מַהוּ הַבִּטָּחוֹן בֵּאלֹהִים אָמַר שֶׁתִּבְטַח בּוֹ בְּכָל
עִנְיָנֶךָ וְתַנִּיחֵם עָלָיו:

1. To the question, as to what comprises confidence in God, the sage replied, to trust in Him in all thine undertakings.

ב. וְאָמַר מִי הֶחָכָם שֶׁבִּבְנֵי אָדָם וְהַבּוֹטֵחַ מִכֻּלָּם. מִי שֶׁהוּא
רוֹצֶה בִּדְבָרִים בְּבוֹאָם וּבִפְנוּתָם:

2. He who submits to the decrees of his Maker with humble resignation, both at their advent and at their close, may justly be termed wise and reliant.

ג. וְאָמַר רָאוּי לְאָדָם שֶׁלֹּא יַחֲשֹׁב טַרְפּוֹ מִתְאַחֵר. וְשֶׁלֹּא יִדְאַג
לִגְזֵרַת הַבּוֹרֵא:

3. Beware, O man, of the thought that thy subsistence is withheld from thee - nor be downcast at the visitation of God.

ד. וְאָמַר הֶחָכָם יְמֵי הָעוֹלָם צָבָא מָה שֶׁיֵּשׁ לְךָ מֵהֶם יְבוֹאֲךָ.
וְאִם תִּרְפֶּה מִמֶּנּוּ וּמָה שֶׁיֵּשׁ לְךָ מֵהֶם עָלָיךָ לֹא תּוּכַל לִדְחוֹתוֹ
בְּחָזְקֶךָ:

4. The days of man are pre-ordained and determined. To extend them thine utmost exertions shall not avail, and those decreed to Thee, thy greatest strength will be too feeble to reject.

ה. וּמִי שֶׁנּוֹאַשׁ מִמָּה שֶׁלֹּא תַּגִּיעוּ. יָנוּחַ גּוּפוֹ. וּמִי שֶׁהוּא רוֹצֶה

41

בְּמָה שֶׁחָנָנוּ הַבּוֹרֵא. תָּנוּחַ דַּעְתּוֹ:

5. A patient resignation of that which we have once failed to attain affords physical tranquillity, and contentment with that allotted to us by our Creator produces spiritual felicity.

ו. וְאָמַר אִם תַּפְקִיד בְּיַד הָאֱלֹהִים כָּל עִנְיָנֶךָ. תַּגִּיעַ אֶל נָתִיב הַטּוֹבָה:

6. The humble committal of our affairs into the hand of God leads to true and pure felicity.

פֶּרֶק ח Chapter 8

א. אָמְרוּ שֶׁאָדָם אֶחָד עָמַד בְּשַׁעַר הַמֶּלֶךְ יָמִים רַבִּים וְלֹא הִגִּיעַ אֵלָיו. כָּתַב בְּאִגֶּרֶת אַרְבָּעָה טוּרִים:

1. The following laconic observations are said to have been addressed to a king, by one who stood at the gate of the royal palace, but who failed to obtain access.

ב. הָאֶחָד הַצֹּרֶךְ וְהַתּוֹחֶלֶת הֱבִיאוּנִי אֵלֶיךָ. הַשֵּׁנִי עִם הַחִסָּרוֹן אֵין סֵבֶל עַל הָעִכּוּב. הַשְּׁלִישִׁי הַחֲזָרָה מִבְּלִי הַצְלָחָה נִקְמַת הָאוֹיְבִים. הָרְבִיעִי אוֹ הֵן עוֹשָׂה פְּרִי אוֹ לָאו מַנִּיחַ:

2. 1st. Necessity and hope prompted me to approach thy throne. 2nd. My dire distress admits of no delay. 3rd. My disappointment would gratify the malice of my enemies. 4th. Thine acquiescence would confer advantages, and even thy refusal would relieve me from anxiety and suspense.

ג. וְאָמַר שֶׁאָדָם אֶחָד בָּא לִפְנֵי מוֹשֵׁל. אָמַר לוֹ. בָּאתִי אֵלֶיךָ לִשְׁאֹל דָּבָר שֶׁשְּׁאַלְתִּיו תְּחִלָּה מֵהַבּוֹרֵא. אִם תַּעֲשֵׂהוּ אֲשַׁבַּח הָאֱלֹהִים וְאוֹדֶךָ. וְאִם לֹא תַּעֲשֶׂה. אֲשַׁבַּח אֶת ה' וְאוֹדֶהוּ וַאֲדִינְךָ לִזְכוּת וְצִוָּה לְמַלֵּאת מִשְׁאֵלוֹ:

3. A supplicant once addressed a prince, to the following effect - I approach thee to solicit that of thee for which I have already supplicated my Creator. Grant it to me, and I shall praise the Lord and thank thee, refuse it, I shall still praise God and excuse thee. This pleased the prince, and he complied with his request.

פֶּרֶק ט Chapter 9

א. אָמַר הֶחָכָם סְבוֹל הָאֱמֶת וְאִם יֵמַר:

1. The sage observes, Brook the truth patiently, however unpalatable it may be.

ב. וְשָׁאֲלוּ לֶחָכָם. מָה גֶּדֶר הַסֵּבֶל הַנָּאָה. אָמַר לָהֶם הוּא הַסֵּבֶל שֶׁאֵין עִמּוֹ תַּרְעֹמֶת עִם שׁוּם אָדָם:

2. It was asked of the sage to point out when patience is most laudable, He replied, When devoid of ill feelings towards mankind.

ג. וְאָמַר הַסֵּבֶל שְׁנֵי מִינִים. סְבֹל הַצָּרוֹת. וְהַסֵּבֶל בְּמָה שֶׁאָסַר הַבּוֹרֵא עָלֶיךָ:

3. Patience may be classified under two heads. **1st.** That which enables us to endure hardships without repining. **2nd.** That which prompts us to abstain from that which the Creator has interdicted.

ד. וְאָמַר הַזִּכָּרוֹן שְׁנֵי מִינִים. זִכְרוֹן הַסֵּבֶל בְּעֵת הַפֶּגַע. וְטוֹב מִמֶּנּוּ זִכְרוֹן הַבּוֹרֵא בְּמָה שֶׁאָסוּר לָךְ לִהְיוֹת מַבְדִּיל בֵּינְךָ לְבֵינוֹ:

4. The advantages of memory are twofold. **1st.** The recollection of patience under affliction. **2nd.** But the most preferable is the remembrance of our Creator, which enables us to remove the barrier between us and Him.

ה. וְאָמַר אֲנִי תַּמָּה עַל מִי שֶׁלֹּא זְמַן לְכָל פֶּגַע סֵבֶל. וּלְכָל טוֹב הוֹדָאָה:

5. O that man would store up patience for misfortune, and gratitude for kindness.

ו. וְאָמַר הַדְּאָגָה עַל מַה שֶׁלֹּא הָיָה. הִיא רָעָה חוֹלָה:

6. Grief for imaginary evil causes actual malady.

ז. וְאָמַר שְׁתִיַּת סַם הַמָּוֶת טוֹב מִן הַדְּאָגָה:

7. Care corrodes more than poison.

ח. וְאָמַר כְּפִי הַלְּבָבוֹת. יִהְיֶה הַיָּגוֹן - וְאָמַר כְּפִי הַגְּדוּלָה. תִּהְיֶינָה סִבּוֹת הַנְּפִילָה. וְיֵשׁ אוֹמְרִים הַסֵּבֶל:

8. Our grief can only be measured by sensitiveness, and our downfall by our previous eminence.

ט. וְאָמַר הַסֵּבֶל טוֹב שֶׁבָּעִנְיָנִים. וְהָעֲנָוָה טוֹב שֶׁבַּדְּבָרִים:

9. Patience is the safest counsellor, and meekness the truest companion.

י. וְאָמַר כָּל מִי שֶׁאֵינוֹ מְנַצֵּחַ. הָאֵבֶל בַּסֵּבֶל יַאֲרִיךְ יְגוֹנוֹ:

10. Sorrow unrestrained by patience prolongs grief.

יא. הַסֵּבֶל שָׁלוֹם. וְהַמְּהִירוּת חֲרָטָה - וְאָמַר הַסֵּבֶל עֹשֶׁר. וְהַחֲרִיצוֹת רָשׁ:

11. Patience reaps peace, and rashness regret, the former riches, the latter poverty.

יב. וְאָמַר יֵשׁ רָעָה כְּשֶׁתִּדָּמֶנָּה לְרָעָה אַחֶרֶת תִּהְיֶה מִן הַטּוֹבוֹת. וְאָמַר. יֵשׁ רָעָה טוֹבָה. מֵהַסֵּבֶל:

12. There are evils which by contrast may be

termed felicities.

יג. וְאָמַר אֵין לְמִי שֶׁאֵין לוֹ יְכֹלֶת טוֹב מִן הַסֵּבֶל:

13. Patience is the invulnerable shield of the defenceless.

יד. וְאָמַר מִי מִבְּנֵי אָדָם יוֹתֵר סַבְלָן. אָמַר מִי שֶׁמֵּשִׁיב תַּאֲוָתוֹ:

14. To the question, who is the most patient, the sage replied, He who curbs his passions.

טו. וְאָמַר מִי שֶׁמַּגְבִּיר בְּסֵבֶל בְּעֵת צָרָתוֹ. יַגִּיעַ אֶל חֶפְצוֹ מְרוֹם לְבָבוֹ:

15. Patience under difficulties dignifies the heart and ensures success.

טז. וְאָמַר הַסֵּבֶל חָפְשִׁי. אֲפִלּוּ אִם יַגִּיעַ לִבְעָלָיו הַנֶּזֶק:

16. Patience will result in independence, though momentary loss may attend it.

יז. וְאָמַר מִי שֶׁשָּׂם הַסֵּבֶל תַּכְלִיתוֹ. יְגִעֵהוּ הַסֵּבֶל אֶל חֶפְצוֹ:

17. He who makes patience his leading principle, will be led thereby to the realization of his desires.

יח. וְאָמַר הַסֵּבֶל מַר. וּמַעֲבִיר מִבְּעָלָיו הַנֶּזֶק:

18. Patience though bitter, yet guards its votaries from injury.

יט. וְאָמַר אֵין דָּבָר שֶׁמְּחַסֵּר מִן הָרָעָה כְּמוֹ הַסֵּבֶל:

19. Nothing will mitigate our sufferings more than patient endurance.

כ. וְאָמַר אֵיזֶה מִבְּנֵי אָדָם נִכְבָּד אֵצֶל הַבּוֹרֵא. אָמַר מִי שֶׁיַּגִּיעַ
אֶל הַצָּרוֹת וְיִסְבֹּל אֶת הַבָּאוֹת וִישַׁבַּח לְבוֹרְא:

20. Who is the most esteemed by his
Creator, He who is grateful for kindness,
resigned in adversity, and praises God.

פֶּרֶק י Chapter 10

א. אָמַר הֶחָכָם מִי שֶׁמְּבַקֵּשׁ יוֹתֵר מִצָּרְכּוֹ. טוֹרֵד נַפְשׁוֹ מִתּוֹעַלְתּוֹ:

1. The sage observes, He who craves more than he needs, mars his actual happiness.

ב. וְנֶאֱמַר כִּי מֶלֶךְ אֶחָד אָמַר לְחָכָם אִלּוּ הָיִיתָ שׁוֹאֵל מִמֶּנִּי הָיִיתָ מַסְפִּיק לְךָ כָּל יָמֶיךָ:

2. The king said to the sage, A mere petition from thee would have inclined me to provide for thee for life.

ג. אָמַר לוֹ וְלָמָּה אֶשְׁאַל מִמְּךָ וַאֲנִי עָשִׁיר מִמְּךָ. אָמַר לוֹ הַמֶּלֶךְ. וְאֵיךְ אַתָּה עָשִׁיר מִמֶּנִּי. אָמַר לוֹ מִפְּנֵי שֶׁאֲנִי מִסְתַּפֵּק בִּמְעַט שֶׁבְּיָדִי יוֹתֵר מִמָּה שֶׁאַתָּה מִסְתַּפֵּק בְּרֹב שֶׁלְּךָ:

3. What replied the former, how canst thou expect that one who is richer than thou art should solicit a favour of thee, on being asked for further explanation, he rejoined, Because I am more satisfied with the little, I possess, than thou with thine abundant wealth.

ד. וְאָמַר מִי שֶׁדַּי לוֹ בְּמָה שֶׁגָּזַר לוֹ הַבּוֹרֵא. הוּא עָשִׁיר מִכָּל אָדָם:

4. He who is satisfied with the portion allotted to him by his Creator may properly be deemed the richest of all mankind.

ה. וְאָמַר הִסְתַּפֵּק בְּמָה שֶׁחָלַק לְךָ הַבּוֹרֵא. וְאַל תַּבִּיט אֶל מָה שֶׁיֵּשׁ לְזוּלָתְךָ:

48

5. Be content with that which God has bestowed on thee, and envy not the possession of others.

ו. וְאָמַר אַל תִּתְאָוֶה בְּמָה שֶׁלֹּא נָתַן לָךְ. כִּי מִי שֶׁשָּׂמֵחַ בְּחֶלְקוֹ שָׂבֵעַ:

6. Covet not that which was not given to thee, for he who rejoices in his lot will always consider himself abundantly rich.

ז. אָמַר מִי שֶׁיִּרְצֶה מִן הָעוֹלָם כְּדֵי סָפְקוֹ יִהְיֶה הַמְּעַט שֶׁלּוֹ מַסְפִּיק לוֹ:

7. A little will suffice him who only desires from the world that which he actually needs.

ח. וְאָמַר בִּמְעַט מִן הַטֶּרֶף מִי שֶׁיִּרְצֶה הַבּוֹרֵא. מְקַבֵּל מִמֶּנּוּ מְעַט מִמַּעֲשָׂיו:

8. The smallest gift is acceptable to God from one who is content with the little vouchsafed to him by his Maker.

ט. וְאָמַר הַהִסְתַּפְּקוּת. טוֹב יוֹתֵר מִן הַשֵּׂכֶל:

9. Contentment surpasses intellectuality.

י. וְאָמַר הָעשֶׁר וְהַגְּדוֹלָה הִיא עֲזִיבַת הַחֶמְדָּה:

10. Dignity and riches consist in the abandonment of covetousness.

יא. וְאָמַר רָאוּי לְאָדָם שֶׁלֹּא יְבַקֵּשׁ מֵהָעוֹלָם יוֹתֵר מִסְפּוּקוֹ שֶׁבּוֹ יַעֲבֹר הַנֶּזֶק וְהַצֹּרֶךְ מֵעַצְמוֹ. כִּי הַמָּמוֹן שֶׁקֶר וְהוֹן הָעוֹלָם. בָּא בִּמְהֵרָה וְחוֹלֵף בִּמְהֵרָה:

11. He is wise, who seeks from this world

49

but what he requires, for wealth is deceptive, and worldly treasures vanish as speedily as they come.

יב. וְאָמַר הַהִסְתַּפְּקוּת שְׁמוֹנֵעַ בְּעָלָיו מִן הַזּוּלֶת. טוֹב מֵהַמָּמוֹן הַמְבִיאוֹ לִידֵי בִזָּיוֹן:

12. Contentment, which protects its votaries from baseness, is superior to opulence, which exposes its owners to disdain.

יג. וְאָמַר עֹשֶׁר הַנֶּפֶשׁ טוֹב מֵעֹשֶׁר הַמָּמוֹן:

13. Contentment of mind surpasses riches.

יד. וְאָמַר רֹאשׁ הַהִסְתַּפְּקוּת וְהַזְּרִיזוּת. שֶׁלֹּא יִגְדַּל בְּעֵינֶיךָ הָרָב עַל זוּלָתְךָ. וְאַל יִמְעַט בְּעֵינֶיךָ הַמְעַט שֶׁלָּךְ. גַּם אֶל תִּשְׁקֹל מִי שֶׁלְּמַעֲלָה מִמְּךָ בָּךְ:

14. Contentment, with diligence, must lead us not to magnify the possession of others, nor to esteem our own as too scanty, neither to contrast our lot with that above us.

טו. וְאָמַר כְּשֶׁיִּמְעַט בְּעֵינֶיךָ מָה שֶׁאַתָּה נוֹחֵל. זְכוֹר בּוֹ צוּק הָעִנְיָנִים בְּצָרוֹת שֶׁעָבְרוּ עָלֶיךָ וַיְהִי דַּיָּה לְךָ בְּשַׁלְוָה. כִּי אֵין מִמֶּנּוּ תְּמוּרָה כְּשֶׁתִּפְקֹד:

15. The sage recommended to the discontented to recall to their memory their past hardships and vicissitudes, which cannot fail to reconcile them to their comparative present tranquillity - a contrast which admits of no substitute.

טז. וְאָמַר פְּרִי הַהִסְתַּפְּקוּת הַמְּנוּחָה. רַעֲנְנִי. הַשְּׁפָלוֹת

50

הָאַהֲבָה:

16.　The fruits of contentment are ease, and those of humility esteem.

יז. וְאָמַר הַנְהַג הֶנָּפַע כְּדֵי הַסָּפֶק. וְאִם לָאו הִיא תְבַקֵּשׁ מִמְּךָ יוֹתֵר מִסְּפוּקְךָ:

17.　Regulate thy means, lest thy means will be governed by thy cravings.

יח. הֵם אָמְרוּ. כִּי שָׁנִים לֹא יִתְחַבְּרוּ לְעוֹלָם הַהִסְתַּפְּקוּת וְהֶחָמוּד:

18.　Contentment is irreconcilable with covetousness.

Chapter 11 פֶּרֶק יא

א. אָמַר הֶחָכָם הַיֵּאוּשׁ מִמָּה שֶׁיֵּשׁ בְּיַד אָדָם תִּפְאֶרֶת לְאָדָם.
כִּי הַבֶּצַע הוּא הָרָשׁ הַנִּמְצָא. וְהַיֵּאוּשׁ חָפְשִׁי וְהַתִּקְוָה אָמָּה:

1. The sage observes, resignation is the crown of mankind, for avarice is poverty, resignation liberty, and suspense slavery.

ב. וְאָמַר חָשׁוּב כָּל הָעוֹלָם הֶפְסֵד:

2. Regard the world as a blank, and thy share therein as an unexpected prize.

ג. וְאָמַר הַבַּקָּשָׁה מֵהַנִּבְרָאִים חֶסְרוֹן אֱמוּנַת הַמַּאֲמִין:

3. The incessant solicitation of favours from mortals betokens lack of faith in God.

פֶּרֶק יב Chapter 12

א. אָמַר הֶחָכָם הַזָּהֵר בְּמִדַּת הַבֹּשֶׁת. כִּי הַבֹּשֶׁת מוֹרֶה עַל פְּנֵי הַנָּדִיב:

1. Cherish the attribute of diffidence, for it betokens a noble mind.

ב. וְאָמַר מִי שֶׁעֲטָתְהוּ הַבֹּשֶׁת מְעִיל. יֵעָלְמוּ מוּמָיו מִבְּנֵי אָדָם:

2. The garb of morality conceals all our feelings.

ג. וְאָמַר הַבֹּשֶׁת וְהָאֱמוּנָה נִצְמָדוֹת. כְּשֶׁתִּסְתַּלֵּק הָאַחַת תִּסְתַּלֵּק חֲבֶרְתָּהּ:

3. Humility and faith are inseparable and co-existent.

53

פֶּרֶק יג Chapter 13

א. אָמַר הֶחָכָם מִי שֶׁנִּזְהָר בְּאֵיבָרָיו יֵיטִיבוּ סְפוּרָיו: וּמִי שֶׁדָּבַק בִּזְהִירוּת לֹא יֶחְסַר סְפוּקוֹ:

1. A cautious tongue ensures prosperity, and adherence to industry averts want.

ב. וּמִי שֶׁלֹּא יְהֵא נִזְהָר. יִהְיֶה נָקֵל:

2. The unwary forfeit esteem.

Chapter 14 פֶּרֶק יד

א. אָמַר הֶחָכָם הַגָּדוֹל שֶׁבִּיחוּסִים. הַשֵּׁם טוֹב. וְאֵין חוֹצֵץ בִּפְנֵי הַתַּאֲוָה. כַּעֲצִימַת הָעֵינָיִם:

1. The sage observed, a good name is the most noble pedigree, and closing the eyes the surest protection against worldly allurements.

ב. וְאַחֵר [נ"א וְאָמַר] מִיָּקָר אֶת הַנֶּפֶשׁ שֶׁיָּחוּס הָאָדָם עַל זִכְרוֹ. וְשֶׁיְּקַוֶּה הַשֵּׁם הַטּוֹב. וְיִבְטַח בֵּאלֹהִים וְהִיא הָאֱמוּנָה הַגְּמוּרָה:

2. Care for our reputation confers dignity on the soul, fosters hope of better days and reliance on God, and invests man with perfect faith.

פֶּרֶק טו   Chapter 15

א. אָמַר הֶחָכָם לֹא יְשַׁלְמוּ עִנְיְנֵי הָאָדָם. עַד שֶׁתִּפָּרֵד נַפְשָׁה
מֵחֶשְׁקָה וּמִתַּאֲוָתָהּ:

1. The sage observed, the success of man chiefly depends on his renunciation of worldly pleasures and immoderate desires.

ב. וְאָמַר טַעַם הַשֵּׂכֶל הִיא הַכָּרַת הַדְּבָרִים וְתַאֲוָתָם
וְהַבְדָּלָתָם: וְאֶל תַּאֲמִין בְּעַצְמְךָ שֶׁאַתָּה חָכָם עַד שֶׁתִּמְשֹׁל
בְּתַאֲוָתְךָ:

2. The ability to select or reject betokens discrimination, and the government of our passions is the best test of wisdom.

ג. וְאָמַר מִי שֶׁנִּמְשַׁךְ אַחַר שִׂכְלוֹ יִשְׁרָהוּ וַיוֹרֵהוּ וּמִי שֶׁנּוֹטֶה
אַחַר תַּאֲוָתוֹ. תִּתְעֵהוּ וּתְאַבְּדוּ:

3. Wisdom guides and instructs its adherents, whilst the slave of passions is led astray and perishes.

ד. וְאַשְׁרֵי מִי שֶׁהִנִּיחַ הַתַּאֲוָה. יְהִיוּ. לוֹ עַד שֶׁל נִמְצָא וְלֹא
נִרְאֶה. כִּי לֹא הִנִּיחַ אָדָם לִכְבוֹד הַבּוֹרֵא וְנִתְחָרֵט:

4. Happy is he who controls his desires, he will once have as a witness Him who exists but is invisible, viz., God, Or, this will secure for him the celestial boon, which is certain though invisible. for no man has ever regretted that which he has resigned in honour of God.

ה. וְאָמַר אֵין מַגִּיעִין אֶל מָה שֶׁיֵּשׁ אֵצֶל הַבּוֹרֵא. אֶלָּא

בָּעֲבוֹדָה:

5. We can only approach our Creator by worship. Or, serve God, and we shall assuredly obtain his reward.

ו. וְאָמַר מִי שֶׁיִּרָא אֱלֹהִים תָּטִיב אַחֲרִיתוֹ מֵרֵאשִׁיתוֹ:

6. The fear of God renders our end happier than our beginning. Or, sure to mend his future career.

ז. וְאָמַר מִי שֶׁיָּדַע שֶׁהָאֱלֹהִים רוֹאֵהוּ וְשׁוֹמֵעַ זֶה יִמְנָעֵנּוּ מִן הַמַּעֲשִׂים הָרָעִים. הוּא הַיָּרֵא אֶת דְּבָרָיו וְהַמֵּשִׁיב נַפְשׁוֹ מִן הַתַּאֲוָה:

7. The consciousness of the omniscience and omnipotence of God will guard us from the commission of evil, this constitutes the reverence of God, and the means of resisting our passions.

ח. וְאָמַר מִי שֶׁנָּטָה אַחַר הַתַּאֲוָה. יַעַקְבוּהָ הָרָעוֹת:

8. Misfortune follows the footsteps of the dissipated.

ט. וְאָמַר הַנָּצֵל מִנַּפְשְׁךָ. וּתְנַצֵּל נַפְשְׁךָ מִדַּעְתָּךְ:

9. The restraint upon our excesses is our safeguard from evil consequences.

י. וְאָמַר הִתְהַפְּכוּת דִּבְרֵי הָאָדָם מוֹרֶה נָטוֹת תָּאוֹתוּ בּוֹ:

10. Fickle words indicate the predominance of the passions.

יא. וְאָמַר כְּבָר טָבַע בְּאוֹלַתוֹ מִי שֶׁגָּבְרָה תָּאוֹתוּ עַל שִׂכְלוֹ:

11.   When passions sway reason, it is sure evidence of deep immersion in folly.

יב. וְאָמַר מִי שֶׁאֵינוֹ מוֹשֵׁל בְּנַפְשׁוֹ לַהֲשִׁיבָה מִן תַּאֲוָתָהּ אֵינוֹ בָּטוּחַ מִן רַע אַחֲרִיתָהּ וְאֵינוֹ יָכוֹל לִמְשֹׁל בַּאֲחֵרִים:

12.   He who is unable to govern his inclinations and to repress sinful passions, so as to fortify himself against evil consequences, is surely unfit to rule over others.

יג. וְאָמַר כְּשֶׁיַּעֲלֶה עַל לִבְּךָ דָּבָר. וְלֹא תִּמְצָא עִם מִי שֶׁתִּוָּעֵץ שֶׁתִּבְטַח בּוֹ וּבַעֲצָתוֹ. סוּר מִן הַקָּרֵב אֶל תַּאֲוָתְךָ כִּי הַתַּאֲוָה אוֹיֶבֶת הַשֵּׂכֶל:

13.   In the absence of reliable counsel, beware not to lean to the dictates of passion, in any object that may engross thine attention, for passion is the enemy of cool deliberation.

יד. וְאָמַר לוּלֵי שְׁלֹשָׁה הָיוּ נִתְקָנִים עִנְיְנֵי בְּנֵי אָדָם. זָקֵן שֶׁאֵינוֹ נִשְׁמָע וְתַאֲוָה שֶׁאֵינָתָּ נִמְנַעַת. וְגֵאוּת הָאָדָם בְּנַפְשׁוֹ:

14.   Prosperous indeed would be the condition of man, but for the following reasons - that the old and experienced are unheeded, that our passions are unbridled, and that our self-love is overweening.

טו. וְאָמַר אֲבֵדַת הַשֵּׂכֶל. בֵּין הַיֵּצֶר וְהַתַּאֲוָה:

15.   Evil imagination and licentiousness corrupt intellect.

טז. וְאָמַר אֵין הָעֵצָה עִם הֵקָלוֹת. וְלֹא הַחָכְמָה עִם הַמַּחֲלֹקֶת. וְלֹא הַמְּנוּחָה עִם הַתּוֹחֶלֶת:

16. Good counsel cannot be expected from the fickle, nor concord from the schismatic, nor tranquillity from hope deferred.

יז. וְאָמַר מִי שֶׁשָּׁמַע אֶל תַּאֲוָתוֹ הִפְסִיד. וּמִי שֶׁהֶמָּרָה אוֹתוֹ גָּבַר:

17. He who succumbs to his passions will be enslaved, and he who resists them will prevail.

יח. וְאָמַר אִם לֹא תָמָרֶה אֶת פִּיהָ. תְּבִיאֲךָ אֶל מָמָּה שֶׁיֵּשׁ בּוֹ חֶסְרוֹנְךָ וְגִרְעוֹנְךָ:

18. He who is a prey to passions entails on himself loss of wealth and honour.

יט. וְאָמַר מִי שֶׁשָּׁמַע אֶל תַּאֲוָתוֹ כָּפַר בְּיוֹצְרוֹ. וְגָדַל יְגוֹנוֹ וְרַבָּה חֲרָטָתוֹ. וְנִכְפַּל עָנְשׁוֹ:

19. The immoderate indulgence of passions will lead man to ignore his Creator, to multiply his sorrow, compunction, and remorse, and to increase his own punishment.

כ. וְאָמַר הֶחָכָם הַתַּאֲוָה. שֶׁתָּפוּת הָעִנָּרוֹן:

20. Passion may be figuratively termed the twin sister of blindness.

כא. וְאָמַר הָעֵצָה יְשָׁנָה. וְהַתַּאֲוָה עֵרָה. וְעַל כֵּן מְנַצַּחַת הַתַּאֲוָה אֶת הָעֵצָה:

21. Alas, said the sage, that our discretion should slumber whilst our passions are vigilant, hence the submission of the former to the latter.

כב. וְשָׁאֲלוּ לְאֶחָד מֵהַחֲכָמִים אֵיזֶה מִלְחָמָה יוֹתֵר טוֹבָה. אָמַר

59

מִלְחֶמֶת הַתַּאֲוָה:

22.　　The sages were asked, which is the most commendable war, that which is waged against our evil desires, was their reply.

פֶּרֶק טז Chapter 16

א. אָמְרוּ הַחֲכָמִים מֵחוֹבַת הַשָּׁכֵן. שֶׁתְּסַיֵּעַ לוֹ חַסְדְּךָ וְתַרְחִיק פְּעָלָיו נְזָקָךְ.

1. The sages were asked, what are our duties towards our neighbours, to which they replied, to interpose our good offices, to save them from injury.

ב. מֵחוֹבַת הַקָּרוֹב. שֶׁתִּקְרָבֵהוּ כְּשֶׁיַּרְחִיקֶךָ. וְתִתֵּן לוֹ כְּשֶׁיִּמָּנַע מִמֶּךָ.

2. And what are our duties towards our relatives, to receive them kindly, though they may have repulsed us, and to be generous to them, though they might have been sordid to us.

ג. וְאָמַר עֲשֵׂה חֶסֶד עִם מִי שֶׁרָאוּי לוֹ וְעִם מִי שֶׁאֵינוֹ רָאוּי לוֹ. כִּי אִם יִהְיֶה רָאוּי לוֹ תְּשִׁיבֵהוּ בִּמְקוֹמוֹ. וְאִם אֵינוֹ רָאוּי לוֹ תִּהְיֶה אַתָּה רָאוּי לוֹ. כִּי הַבּוֹרֵא צִוָּה לַעֲשׂוֹת הַטּוֹב וְהַחֶסֶד:

3. They further observed, Act charitably, both to the deserving and undeserving, for, on the former, thy humanity will be well bestowed, to the latter, thou wilt manifest thy worthiness to carry out the mission of God, who commanded to act kindly and humanely to all.

פֶּרֶק יז Chapter 17

א. אָמְרוּ אֵינוֹ דַעְתָּן מִי שֶׁמִּתְחַכֵּם לְדָבָר. אַחַר שֶׁנִּכְשַׁל בּוֹ. אַךְ מִי שֶׁיַּכִּירֵהוּ. וּמִתְחַכֵּם שֶׁלֹּא יִכָּשֵׁל בּוֹ:

1. The sage observes, He cannot be termed wise who reflects after his error, but he deserves that dignity who by circumspection endeavours to avoid it.

ב. וְאָמַר רֹאשׁ הַשֵּׂכֶל הַהַכָּרָה בֵּין הַהֹוֶה וְהַנִּמְנָע. וְהַנֶּחָמָה בְּמָה שֶׁאֵין הַיְכֹלֶת:

2. Intellectual pre-eminence consists in discriminating between the probable and improbable, and being reconciled to the uncontrollable.

ג. וְאָמַר הַדַּעְתָּן מִדַבֵּר הַדְּבָרִים וּמַגִּיעַ אֶל תַּכְלִית הַמַּעֲשֶׂה:

3. The wise man disguises not his thoughts, and thus achieves his object.

ד. וְאָמַר הָרְאָיָה עַל דַּעַת הָאָדָם בְּחִירָתוֹ וְלֹא נִגְמְרָה אֱמוּנַת הָאָדָם עַד שֶׁנִּגְמְרָה דַעְתּוֹ:

4. A judicious choice betokens sense, and faith can be established only by reason.

ה. וְאָמַר רָאוּי לְמַשְׂכִּיל שֶׁיְּהֵא מַכִּיר אֶת זְמַנּוֹ. וְשֶׁיִּשְׁמֹר אֶת לְשׁוֹנוֹ. וּמִתְעַסֵּק בְּעִנְיָנוֹ:

5. It behooves the wise man to study the spirit of the age, to guard his tongue, and to attend to his occupation.

62

ו. וְאָמַר כָּתַב הָאָדָם מוֹרֶה עַל שִׂכְלוֹ. וּשְׁלוּחוֹ מוֹרֶה עַל
עֲצָתוֹ:

6. Man's writing the combination of his ideas expressed in writing, for no good can be firmly established without it. indicates his knowledge, and the choice of a delegate evinces discriminative power.

ז. וְאָמַר כְּשֶׁיְּסֻפַּר לְךָ עַל צִדְקַת הָאָדָם. אֱמֹר הָאֵיךְ דַּעְתּוֹ:

7. The reputation of true piety can only be estimated by the standard of acquirements.

ח. וְאָמַר מִצְפּוֹן דַּעַת הָאָדָם בְּתוֹךְ כְּתָבָיו. וּגְלוּיָה בַּבְּחִינָה:

8. The ideas of man may be concealed in his writings, but criticism elucidates them.

ט. וְאָמַר דַּעַת הָאָדָם נִרְאֶה בַּעֲסָקָיו. וְדַע מַזַּל הָאָדָם בִּמְנוּיוֹ:

9. Man's preceptive powers may be recognized by the performance of his occupation, and his disaster by his vocation.

פֶּרֶק יח Chapter 18

א. אָמַר הֶחָכָם הָיָה בֶּן מִי שֶׁתִּרְצֶה וְקָנֵה הַמּוּסָר. כִּי אֵין
נִשְׁרָשׁ מִבְּלִי מוּסָר:

1. Whatsoever thy origin, said the wise
man, endeavour to acquire moral education, for
all is valueless without it.

ב. וְאָמַר אֵין אוֹהֵב לַהֲפַכְפַּךְ. וְאֵין אֱמוּנָה לְעֶבֶד. וְלֹא מְנוּחָה
לֶחָמְדָן. וְאֵין סִלְסוּל לִכִילִי. וְלֹא חֶבְרָה לְכַעֲסָן:

2. He further observed, the fickle-minded
has no friend, nor the slave fidelity, nor the
covetous rest, nor the avaricious self-respect,
nor the impetuous sociability.

ג. וְאָמַר אֵיזֶהוּ הַמַּגִּיעַ מִבְּנֵי אָדָם. אָמַר מִי שֶׁהִנִּיחַ הַמֻּתָּרִים
וְאָחַז דֶּרֶךְ הַקְּצָרָה:

3. Who is most certain of success, He who
abandons superfluity and follows the shortest
road.

ד. וְאָמַר דַּי בְּנִסְיוֹנוֹת מוּסָר. וּבְתַהְפּוּכוֹת הַיָּמִים תּוֹכַחַת.
וּבְמִדּוֹת מִי שֶׁתֵּדַע עִמּוֹ יְדִיעָה:

4. Good conduct is acquired by experience,
moral instruction by the instability of time, and
polite manners by those acknowledged as
intelligent.

ה. וְאָמַר הַדַּעְתָן לֹא יְבַקֵּר מִי שֶׁהוּא כָּבֵד עָלָיו. וְלֹא יְסַפֵּר
בְּאָזְנֵי מִי שֶׁאֵינוֹ מַאֲזִין עָלָיו:

5. The intelligent will never render his

64

presence troublesome, nor intrude upon those
who are unwilling to listen to him.

ו. וְאָמַר שֶׁהַדַּעְתָּן כְּשֶׁהוּא מְבַקֵּר מִי שֶׁהוּא כָּבֵד עָלָיו אֵינוֹ
שׁוֹנֶה לְבַקְּרוֹ. וְהַשׁוֹטֶה אֵינוֹ מַרְגִּישׁ בְּבִזָּיוֹן:

6.   The intelligent will not persist in an
unwelcome visit, but the fool is insensible to
insult.

ז. וְאָמַר הַנִּסְיוֹנוֹת אֵין לָהֶם תַּכְלִית. וְהַדַּעְתָּן מוֹסִיף בָּהֶן
דַּעַת:

7.   Experience is an unbounded field
whereby the wisdom of the intelligent is
increased.

ח. וְאָמַר מִי שֶׁאֵינוֹ שׁוֹמֵעַ דְּבָרֶיךָ סָלֵק מֵעָלָיו טוֹרַח אָמְרָךָ:

8.   Cease to address him who turns a deaf
ear to thy words.

ט. וְאָמַר מִי שֶׁיִּפְסֹק עָלֶיךָ דְּבָרֶיךָ. אַל תְּסַפֵּר עִמּוֹ כִּי אֵין לוֹ
מוּסָר:

9.   Deign not to address him who interrupts
thy discourse, for he lacks good manners.

י. וְאָמַר מִי שֶׁיִּלְאֶה לֶאֱסֹר אֶת נַפְשׁוֹ. אַל יַאֲשִׁים מִי שֶׁאֵינוֹ
שׁוֹמֵעַ אֵלָיו:

10.   He who cannot control his will, dare not
complain if his words are unheeded.

יא. וְאָמַר מִי שֶׁאֵינוֹ מְקַבֵּל מוּסָר. אָבַד וְנֶעֱכָר:

11.   He who is deaf to instruction, is doomed
to trouble, and ultimately to perish.

יב. וְאָמַר הַמּוּסָר מַעֲבִיר מֵהַדַּעְתָּן שְׁכָרוּת. וְיוֹסִיף לַשּׁוֹטֶה שְׁכָרוּת כְּמוֹ שֶׁהַיּוֹם מוֹסִיף לְבַעֲלֵי הָעֵינַיִם רְאוּת וְלָעֲטַלֵּף עִוָּרוֹן:

12. Instruction, whilst on the one hand it guards from confusion and doubt, will on the other increase the perplexity of the simple-minded, like the day, that lends brightness to sound eyes and blindness to the bat.

יג. וְאָמַר לְעוֹלָם לֹא. יָשַׁבְתִּי וְיָרֵאתִי שֶׁאָקוּם מִמֶּנִּי לְזוּלָתִי:

13. Never, said the sage, did I occupy a seat that I feared to be required to relinquish for another.

יד. וְאָמַר הַזָּהֵר מֵרֹאשׁ הַמּוֹשָׁבוֹת. כִּי הִיא מוֹשַׁב נְסִיעָה:

14. A rank too eminent is often the road to degradation.

טו. וְאָמַר הַמּוּסָר. מוֹסִיף סִכְלוּת הַסָּבָל. וְהַסֵּבֶל מִשְׁעָן לַמַּשְׂכִּיל:

15. Instruction removes folly, and discretion supports its adherents.

טז. וְאָמַר רָאוּי לְאָדָם שֶׁיְּהֵא בּוֹחֵר בְּאַרְבָּעָה. שֶׁיְּדַבֵּר בַּטּוֹב שֶׁבַּדְּבָרִים. וְשֶׁיַּאֲזִין הַטּוֹב כְּשֶׁיְּדַבְּרוּ עִמּוֹ. וְשֶׁיִּסְבֹּר פָּנִים לְמִי שֶׁיִּפְגַּע. וִילַמֵּד לְשׁוֹנוֹ לְדַבֵּר טוֹב. וְיִבְרַח מֵאַרְבָּעָה. מִלְּדַבֵּר עִם הַכְּסִיל. וּמֵחֲלוּק עִם עִקֵּשׁ. וּמֵהַחֲלִיק לָשׁוֹן לַנָּבָל. וּמֵחֲבוּרוֹת הַמַּשְׁחִית:

16. Man should adopt the following four principals, - **1st.** To utter words of kindness. **2nd.** To devote attention to those with whom he converses. **3rd.** To be friendly to his fellow-

66

creatures. **4th**. To accustom himself to correct expression - and the following four should be studiously avoided: **1st**. To converse with a fool. **2nd**. to dispute with the stubborn. **3rd**. To natter the undeserving. **4th**.To associate with the corrupt.

יז. וְאָמַר אַל תַּאֲכִיל מַאֲכָלֶיךָ לְמִי שֶׁאֵינוֹ מִתְאַוֵּהוּ. ר"ל אַל תְּסַפֵּר דְּבָרֶיךָ. לְמִי שֶׁאֵינוֹ פוֹנֶה אֲלֵיהֶם:

17. Impart not thy food to the undeserving, viz. converse not with him who is disinclined to listen.

יח. וְאָמַר מִי שֶׁיִּרְבֶּה שְׂחָקוּ יְמָעַט מוֹרָאוֹ:

18. Too much gaiety lessens respect.

יט. וְאָמַר מָתַי יִהְיֶה הַמּוּסָר רַע מְהַפְקָדוֹ. כְּשֶׁיִּרְבֶּה הַמּוּסָר וְיֶחְסַר הַשֵּׂכֶל. וְיִהְיוּ מוֹאֲסִים שֶׁיּוֹסִיף דְּבַר הָאָדָם עַל שִׂכְלוֹ:

19. When is it advisable to withhold, rather than to impart instruction, When, replied the sage, it tends rather to enfeeble than to strengthen the intellect, and engenders disrespect towards those who attempt to augment knowledge.

כ. וְאָמַר טוֹב לִסְבֹּל שׁוֹטֶה מֵחֲצִי שׁוֹטֶה. רָצָה לוֹמַר שׁוֹטֶה שֶׁרוֹצֶה לְהַרְאוֹת עַצְמוֹ שֶׁהוּא דַּעְתָּן:

20. A fool is more endurable than half a fool.

כא. וְאָמְרוּ חַכְמֵי הֹדוּ. אַל תִּדְרֹשׁ הַחֲבֵרִים מִבְּלִי אֱמוּנָה. וְלֹא הָעוֹלָם הַבָּא מִבְּלִי מַעֲשֶׂה טוֹב. וְלֹא אַהֲבַת נָשִׁים מִבְּלִי מוּסָר. וְלֹא תוֹעַלְתְּךָ בְּהֶזְּנַקֵת זוּלָתֶךָ:

21. The Indian sages used to say, Seek not a friend devoid of faith, futurity without good actions, female affection without morality, nor thine own advantage to the injury of others.

כב. וְאָמַר מִי שֶׁשּׁוֹקֵל הַדְּבָרִים שֶׁשָּׁמַע. יָבִין אֶת הַסְּתָרִים:

22. The most reserved thought cannot escape him who listens with attention, and weighs well the words he chances to hear.

כג. וְאָמַר מִי שֶׁמָּנַע מֵהַמֻּתָּרִים יְשֻׁבַּח עֲצָתוֹ הַשֵּׂכֶל הַמַּשְׂכִּיל:

23. Self-denial will command the respect of the intellectual.

כד. וְאָמַר בְּטַח בְּאַנְשֵׁי הַשֵּׂכֶל וְהַנְּדִיבוּת וְסָמוּךְ עֲלֵיהֶם. וְהִתְחַבֵּר לְמַשְׂכִּיל שֶׁאֵינוֹ נָדִיב וְהַשָּׁמֵר מִמֶּנּוּ. וְהוֹעִילְךָ בְּשִׂכְלוֹ. וְהִתְחַבֵּר לַנָּדִיב שֶׁאֵינוֹ מַשְׂכִּיל וְהוֹעִילְךָ בְּנִדְבָתוֹ. וְהוֹעִילוֹ בְּשִׂכְלְךָ. וּבְרַח מִכִּילֵי הַשּׁוֹטֶה:

24. Confide in the discreet and generous, associate - but with caution - with the erudite, though avaricious, that thou mayest reap the advantage of his learning, court the philanthropist, though unlearned, and reciprocate his generosity by thy knowledge, Or, that a reciprocal benefit may result. but shun the sordid fool.

פֶּרֶק יט Chapter 19

א. אָמַר הֶחָכָם הַהַנְהָגָה הַטּוֹבָה שֶׁבְּמִדּוֹת. מַגַּעַת אֶת בְּעָלֶיהָ
אֶל מַעֲלוֹת הָרָמוֹת וְהַמַּעֲשִׂים טוֹבִים:

1. The sage observed, good conduct and good manners are the stepping-stones to a high rank, and lead to the practice of kindness and piety.

ב. וְאָמַר כִּי אֶרְסְטוֹטְלֵס כָּתַב אֶל אָלֶכְּסַנְדְּרוֹס מוֹקְדוֹן מָשׁוֹל
בְּעַם וַרְדֵה עֲלֵיהֶם מֵהֲטָבָתְךָ לָהֶם. וְתַגַּע אֶל אַהֲבָתָם. כִּי
מֶשְׁלָךְ בָּעָם בַּהֲטָבָתְךָ לָהֶם. טוֹב מִשֶּׁתִּמְשֹׁל בָּהֶם בְּהַכְרָחָתְךָ.
כִּי מָה מוֹעִיל קִנְיַן הַגּוּפִים. אַךְ קִנְיָן. הוּא קִנְיַן הַלְּבָבוֹת. כִּי
כְּשֶׁתִּקְנֶה הַלְּבָבוֹת בַּהֲטָבָתְךָ. נוֹטִים הַגּוּפִים עִמָּהֶם:

2. The following lines were addressed by Aristotle to his royal disciple, Alexander the Macedonian, govern thy subjects with kindness, and thus thou wilt gain then-affections. Mild and lenient government is more durable by far than compulsory submission, for what boots the possession of the body, without that of the heart. Affection gained by kindness insures allegiance.

ג. וְדַע כִּי הָעָם כְּשֶׁיּוּכְלוּ לוֹמַר יַעֲשׂוּ. הִשְׁתַּדֵּל שֶׁלֹּא יֹאמְרוּ.
תִּנָּצֵל מֵאֲשֶׁר יַעֲשׂוּ:

3. For the whisper of rebellion is the sure precursor of its fulfilment, endeavour therefore to silence murmur, and rebellion will be stifled.

ד. וְאָמַר כְּשֶׁתִּנְהִיגוּ בְּנֵי אָדָם. הַנְהִיגוּ נְדִיבֵי הָאָדָם בְּנַחַת

וּבְכָבוֹד. וְהַגְּבָלִים בְּהַכְנָעָה. כִּי הַנָּדִיב כְּשֶׁתְּכַבְּדֵהוּ. תִּקְנֶנָהוּ.
וְלֹא תִקְנֶה הַגְּבָלִים כִּי אִם בְּהַכְנָעָה וְהַבִּזָּיוֹן:

4. In your demeanour be affable and
courteous towards the noble-minded, but
severe and rigorous towards the wicked, for
whilst respect and courtesy must improve the
former, rigour alone will reclaim the latter.

פֶּרֶק כ Chapter 20

א. אָמַר הֶחָכָם כְּשֶׁיֵּלֵךְ עִמְּךָ חֲבֵרְךָ בְּצֶדֶק וּבֶאֱמוּנָה. מַחֵל לַעֲווֹנוּ:

1. The sage observed, the short - comings of the uniformly just and faithful should readily be pardoned.

ב. וְאָמַר הֶחָבֵר הָרַע מְבַקֵּשׁ תּוֹאֲנָה וְאֵינוֹ מְבַקֵּשׁ אֲמַתְלָא:

2. He used to say, an evil associate seeks occasion to cavil, and disdains apology.

ג. וְשָׁאַל אָדָם אֶחָד לְחָכָם. הוֹרֵנִי עַל מִי שֶׁאֵשֵׁב עִמּוֹ. אָמַר זֹאת הָאֲבֵדָה שֶׁלֹּא תִּמָּצֵא:

3. A man asked the sage to advise him with whom to associate, to which he replied, this is a question to which I can offer no solution.

ד. וְאָמַר כָּל אַהֲבָה הִיא כְּלוּם. וְאַהֲבַת הַשּׁוֹטֶה אֵינָה כְּלוּם:

4. There is some utility in every friendship, save in that of the simple-minded.

ה. וְאָמַר אוֹהֶבְךָ מִי שֶׁהָלַךְ עִמְּךָ בֶּאֱמוּנָה וְיָעַץ אוֹתְךָ לְטוֹב וּבָא עִמְּךָ מִצַּד שִׂכְלְךָ. וְלֹא מִצַּד תַּאֲוָתְךָ:

5. The conduct, like the advice, of a true friend is based on good faith, such a friend will assist our intellect, but not flatter our passions.

ו. וְאָמַר כִּי אָדָם אֶחָד צִוָּה אֶת אוֹהֲבוֹ וְאָמַר לוֹ אֲנִי בִּרְשׁוּתְךָ יֵתַּךְ מִיָּדְךָ. וְנִכְנַע לְךָ יוֹתֵר מֵעַבְדְּךָ:

6. I am more in thine power, said one to his

71

friend, than thy own hand, and more submissive than thine own slave.

ז. וְאָמַר לְחַבְרִי עָלַי שְׁלֹשָׁה דְּבָרִים. שֶׁאָשִׂים עֵינִי עָלָיו כְּשֶׁהוּא בָּא. וְשֶׁאַרְחִיב לוֹ בַּמּוֹשָׁב כְּשֶׁהוּא יוֹשֵׁב. וְשֶׁאַאֲזִין אֵלָיו כְּשֶׁהוּא מְדַבֵּר:

7.　　The following three things are due to our friends - our undivided attention when they enter our house, our welcome when they sit therein, and our ear when they speak.

ח. וְאָמַר הַמֵּסִית אָחִי הַהוֹרֵג. וְהַשְּׁתִיקָה אֲחוֹת הָרָצוֹן:

8.　　The seducer is brother to the murderer, and silence the sister of complaisance.

ט. וְאָמַר הֶחָכָם לִבְנוֹ. בְּנִי אַל תַּחֲלִיף חָבֵר קַדְמוֹן בְּחָבֵר חָדָשׁ בְּעוֹד שֶׁלִּבּוֹ יָשָׁר עִמָּךְ. וְאַל יִמְעַט בְּעֵינֶיךָ שׂוֹנֵא אֶחָד. וְאַל יִרְבּוּ בְּעֵינֶיךָ אֶלֶף אֲהוּבִים:

9.　　My son, said the sage, never exchange an old friend for a new one, whilst the heart of the first remains true to thee - deem one enemy not insignificant, nor a thousand friends superabundant.

י. וְאָמַר אֲנִי מָצָאתִי כָּל קִנְיְנֵי עוֹלָם וּמִכְמַנָּיו אֲבוּדִים. וְאֵין מִכְמָן כְּמוּסָר. וְאֵין מָעוֹז כַּחֲבֵרִים. וְעַל כֵּן הַרְבֵּה מֵהָעוֹזְרִים וְעֹז בְּקֶר הַמּוּסָר:

10.　　Transient are the treasures and possessions of the world, the most lasting is morality, and the securest stronghold, friendship, increase therefore, the former, and seek safety in the latter.

יא. וְאָמַר אָדָם בְּלֹא חֲבֵרִים כִּשְׂמֹאל בְּלֹא יָמִין:

11. The friendless man is as the left hand without a right one.

יב. וְאָמַר כְּשֶׁהִגִּיעַ מוֹת אֶחָד מֵחֲבֵרַי. נָפַל נֵתַח מִנְּתָחַי:

12. The death of a friend is equivalent to the loss of a limb.

יג. וְאָמַר הֶחָבֵר הַנֶּאֱמָן. אֲשֶׁר לֹא יָפְתֶה אוֹתְךָ. מֵזִיק עַצְמוֹ לְמַעַן הַצִּילְךָ. וְאִם חוֹמְסִים אוֹתְךָ יִטְרַח בַּעֲדְךָ לְמַעַן הַטִּיב אוֹתְךָ:

13. He may be termed a true friend, who never misleads thee, who promotes thine advantage, to his own detriment, and who is anxious to deliver thee from oppression.

יד. וְאָמַר לְחָכָם מִי תֶאֱהַב יוֹתֵר אָחִיךָ אוֹ חֲבֵרְךָ. אָמַר אֵינִי אוֹהֵב אָחִי עַד שֶׁיִּהְיֶה חֲבֵרִי:

14. It was asked of the wise man, whom he loved most, his brother or his friend, to which he replied, I never love a brother unless he is my friend.

טו. וְאָמַר שְׁלֹשָׁה יָשִׂימוּ לְךָ אַהֲבַת אוֹהֲבֶךָ זָכָה. שֶׁתַּתְחִילֵהוּ בְּשָׁלוֹם כְּשֶׁתִּפְגָּעֵהוּ. וְתַרְחִיב לוֹ מוֹשָׁב. וְתִקְרָאֵהוּ בְּחָבִיב אֵלָיו. מִן הַכִּנּוּיִים:

15. Three things are calculated to retain the unmixed esteem of our friends - **1st.** To anticipate them in our salutations. **2nd.** To show them due respect in society. **3rd.** And to designate them by their endearing appellation.

טז. וְאָמַר שְׁלֹשָׁה מִן הָאֱוִלֶת שֶׁתְּגַנֶּה בְּנֵי אָדָם בְּמָה שֶׁאַתָּה עוֹשֶׂה כָּמוֹהוּ. וְשֶׁתִּרְאֶה בְּנֵי אָדָם מֵמֶּן בְּעַצְמְךָ - וְתִשְׁאַל בְּמָה שֶׁאֵין אַתָּה צָרִיךְ מֵהֶם לְעוֹלָם. וְשֶׁתַּזִּיק שְׁכֶנְךָ בְּדָבָר שֶׁלֹּא יוֹעִיל לְךָ:

16. There are three degrees of folly - to censure actions from which we are not exempt, to discover faults in others, which we are prone to overlook in ourselves, and to solicit a useless favour. A favour which can be dispensed with.

יז. וְאָמַר הַחֲבֵרִים שָׁלֹשׁ כִּתּוֹת. מֵהֶם כְּמָזוֹן שֶׁלֹּא תוּכַל לַעֲמֹד מִבִּלְעָדָיו. וּמֵהֶם כִּרְפוּאָה אֲשֶׁר אַתָּה צָרִיךְ לְעִתִּים. וּמֵהֶם כְּמַדְוֶה אֲשֶׁר אֵין אַתָּה צָרִיךְ לְעוֹלָם:

17. There are likewise three degrees of friendship - The first, like our sustenance, is indispensable to our existence, the second may be regarded in the light of an occasional, but necessary remedy, and the third may be compared to a distemper, which should be carefully guarded against.

יח. וְאָמַר הֶחָכָם לִבְנוֹ כְּשֶׁיַּעֲלֶה בִלְבָבְךָ לְהִתְחַבֵּר עִם בְּנֵי אָדָם הִתְחַבֵּר לְמִי שֶׁאִם תִּתְחַבֵּר עִמּוֹ יְפָאֶרְךָ. וְאִם תְּכַבְּדֵהוּ יְהַדְּרֶךָ. וְאִם תִּצְטָרֵךְ לְעֶזְרָתוֹ יַעַזְרֶךָ. וְאִם תֹּאמַר יְצַדְּקֶךָ. וְאִם תִּכְעֹס יִסְבְּלֶךָ וְאִם יְבוֹאֲךָ מִמֶּנּוּ פֶּגַע רַע לֹא יָחִילוּ לְךָ דְּרָכָיו:

18. The wise man said to his son, in thy intercourse with mankind, endeavour to cultivate the society of him whose friendship will ennoble thee, whose reverence will react on thee, who will aid thee in need, who will correct thy expressions, who will bear with thy

failings, who will never lead thee into mishaps, and whose example will never corrupt thee.

יט. וְאָמַר הַחֲבֵרִים שְׁלֹשָׁה. חָבֵר שֶׁיַּעַזְרְךָ בְּגוּפוֹ וּבְמָמוֹנוֹ. זֶהוּ חָבֵר נֶאֱמָן בְּאַהֲבָתוֹ. וְחָבֵר שֶׁיִּקַּח מִמְּךָ צָרְכּוֹ וְיַנִּיחֲךָ לַהֲנָאָה מְעַטְּתְּ אֶל תַּחְשְׁבֵהוּ נֶאֱמָן. וְחָבֵר שֶׁהַסְבָּרָתוֹ הַסְבָּרַת פָּנִים וְאַהֲבָתוֹ נְתִינַת שָׁלוֹם וּרְצוֹנוֹ מִמְּךָ רַב וּרְצוֹנְךָ מִמֶּנּוּ מְעַט אַל תִּבְטַח בְּאַהֲבָתוֹ:

19.   Friends may be classified under three heads. **1st**. He who devotes his heart and means to thy support - value him as a faithful friend. **2nd**. He who would extort from thee every advantage, and sacrifice thee from the merest selfishness - him number amongst the faithless. **3rd**. He whose friendship consists in mere words, and who is ever ready to extort more than he will confer - on such friendship do not rely.

כ. וְאָמַר חֶבְרַת הַנָּדִיב מְצִיאָה גְדוֹלָה. וְחֶבְרַת הַנָּבָל חֲרָטָה:
20.   The friendship of the noble-minded is an inestimable treasure, but that of the worthless, is ever attended with regret.

כא. וְאָמַר חֲבֵרוֹ שֶׁל אָדָם שִׂכְלוֹ. וְאוֹיְבוֹ תַּאֲוָתוֹ:
21.   Knowledge is our true friend, but passions are our enemies.

כב. וְאָמַר חֶבְרַת הַשּׁוֹטֶה סַכָּנָה. וְשִׂנְאָתוֹ שִׂמְחָה:
22.   The friendship of the ignorant is dangerous, their aversion cheering.

כג. וְאָמַר הַסְבָּרַת פָּנִים תַּחֲזִיק הָאַהֲבָה. וְזַעַם פָּנִים מָעֲדָה לָבַשׁ הַקָּבוּל:

23. Affability strengthens love, but sullenness strips intercourse of its cordiality.

פֶּרֶק כא Chapter 21

א. וְאָמַר הֶחָכָם הַטּוֹבָה שֶׁבִּבְהֵמוֹת צְרִיכָה לַשֵּׁבֶט. [נ"א
לְשׁוֹט] וְהַכְּשָׁרָה שֶׁבְּנָשִׁים צְרִיכָה לַבַּעַל. וְהַדַּעְתָּן שֶׁבָּאֲנָשִׁים
צָרִיךְ לִשְׁאֹל עֵצָה:

1. The sage observes, the most docile animal needs the rod, the most chaste female a husband, and the wisest of men counsel.

פֶּרֶק כב   Chapter 22

א. אָמַר הֶחָכָם אִם יַחֲמֹס לְךָ חֲבֵרְךָ תְּפֹס עָלָיו בֵּינוֹ לְבֵינְךָ בִּלְבַד. אִם יִשְׁמַע לְךָ כְּבָר רָוַחְתָּ. וְאִם לֹא יִשְׁמַע לְךָ אֱמֹר לוֹ בִּפְנֵי אֶחָד אוֹ בִּפְנֵי שָׁנַיִם שֶׁיִּשְׁמְעוּ הַדְּבָרִים. וְאִם לֹא יִשְׁמַע חֲשׁוֹב אוֹתוֹ חָבֵר פָּחוֹת:

1.   The sage observes, if thy friend wrong thee, chide him privately, if he heed thee, thine object is attained, if not, reprimand him before one or two, should he remain deaf to thy remonstrance, cast him off as an encumbrance.

ב. וְאָמַר אֵין תּוֹכַחַת בְּנֵי אָדָם מוֹעִילָה לָאִישׁ כְּשֶׁאֵין לוֹ מוֹכִיחַ מִשֵּׂכְלוֹ:

2.   Admonition profits not him who lacks an inherent moral sense.

ג. וְאָמַר תְּפֹס קֹדֶם הַגְּמוּל:

3.   Remonstrate ere you punish.

Mivchar HaPeninim   מִבְחַר הַפְּנִינִים

פֶּרֶק כד   Chapter 24

א. אָמַר הֶחָכָם מֵעוֹלָם לֹא הוֹכַחְתִּי אָדָם שֶׁלֹּא מְצָאתִיו מְחַפֵּשׂ
עַל מוּמִי:

1.   Netek [scall] said the sage, did I argue
with him whom I found blind to my failings.

ב. וְאָמַר חָבֵר שֶׁיַּגִּיד לְךָ מוּמָךְ בֵּינוֹ לְבֵינְךָ בְּכָל עֵת שֶׁיִּפְגָּעֶךָ.
טוֹב לְךָ מְחַבֵּר שֶׁיִּתֵּן לְךָ בְּכָל עֵת שֶׁיִּפְגָּעֶךָ דִּינָר זָהָב:

2.   He used to say, Better is he who
privately discloses to me my faults, than the
gift of many golden coins from an over
indulgent friend.

ג. וְאָמַר אֲנִי אוֹהֵב מִי שֶׁיּוֹדִיעֵנִי בְּמוּמַי בֵּינִי לְבֵינוֹ בִּלְבַד:

3.   He used to say, I prize him who privately
points out my errors.

Chapter 25   פֶּרֶק כה

א. אָמַר הֶחָכָם מִי שֶׁאָסַף אֶל אַהֲבָתוֹ הַשְׁלֵמָה בְּךָ הָעֵצָה הַטּוֹבָה לְךָ אֱסֹף אֶל אַהֲבָתְךָ הַזַּכָּה בּוֹ שֶׁתִּתְחַיֵּב עַצְמְךָ לִשְׁמֹעַ לוֹ:

1. The sage observed, true friendship, with good counsel, demands both our pure esteem and implicit confidence.

ב. וְאָמַר כְּשֶׁיִּתְקַיְּמוּ הַשָּׁרָשִׁים בַּלְּבָבוֹת. יֵרָאוּ הַסָּעִיפִים עַל הַלְּשׁוֹנוֹת. וְלֹא תֵרָאֶה לְךָ אַהֲבָה יְשָׁרָה אֶלָּא מִלֵּב שָׁלֵם:

2. As the roots firmly fixed in the heart exhibit their branches on the tongue, so will perfect love only emanate from a true heart.

ג. וְשָׁאֲלוּ לֶחָכָם מַהוּ הָאַהֲבָה. אָמַר נָטוֹת הַלְּבָבוֹת וְהִתְחַבְּרָם יַחַד:

3. The sage was asked to define love, and replied, The tendency of hearts, and their mutual inclination.

ד. וְאָמַר אֵין נֶקֶב הַמַּחַט צַר לִשְׁנֵי אוֹהֲבִים. וְאֵין רֹחַב הָעוֹלָם דַּי לִשְׁנֵי שׂוֹנְאִים:

4. He used to say, the space of a needle's eye suffices for two friends, whilst the universe itself can scarcely contain two enemies.

ה. וְאָמַר כְּשֶׁתִּרְצֶה לָדַעַת מִי יֹאהַבְךָ. אוֹ מִי יִשְׂנָאֶךָ. רָאֵה מָה יֵשׁ בְּלִבֶּךָ:

5. To distinguish thy friend from thine enemy, examine thine own heart.

ו. וְאָמַר מִי שֶׁהִשְׁלִיךְ טָרְחוּ עָלֶיךָ וּמָנַע מִמְּךָ טוּבוֹ. אַל תַּאֲמִין בְּאַהֲבָתוֹ:

6.   Rely not on him who burthens thee with his sorrows, but withholds from thee his joys.

ז. וְאָמַר לְחָכָם מִי מִבְּנֵי אָדָם תֹּאהַב יוֹתֵר. אָמַר מִי שֶׁרָבוּ טוֹבוֹתָיו אֶצְלִי וְאִם לָאו מִי שֶׁרָבוּ עוֹנוֹתַי אֶצְלוֹ:

7.   The sage was asked, whom he loved most, either him, he said, who has experienced the greatest kindness from me, or I from him.

ח. וְאָמַר בְּמָה מַכִּיר הָאָדָם אוֹהֲבוֹ. וְאָמַר כְּשֶׁהַלְּבָבוֹת וְהַלְּשׁוֹנוֹת רוֹצוֹת בּוֹ. אֵינָן צוֹפוֹת כִּי אִם אַהֲבָתוֹ וְלֹא מְדַבְּרוֹת כִּי אִם בְּשִׁבְחוֹ:

8.   We may recognize the friend when our heart is cognizant of his affections, and our tongue utters his praise.

ט. וְאָמַר כְּשֶׁתֹּאהַב אֶת חֲבֵרְךָ לֹא תַּחֲנִיף לוֹ. וְלֹא תִּשְׁאַל עָלָיו כִּי שֶׁמָּא תִּמְצָא אוֹיֵב שֶׁיְּסַפֵּר לְךָ מָה שֶׁאֵין בּוֹ. וְיַפְרִיד בֵּינְךָ לְבֵינוֹ:

9.   Flatter not thy friend, nor inquire too anxiously after him, lest thou tempt his enemy to gainsay thee, and seek to sever thee from him.

י. וְאָמַר הִתְנַדֵּב לְאוֹהֲבֶךָ בְּנַפְשְׁךָ וּבְמָמוֹנְךָ. וּלְמוּדָעֶךָ בְּטוּבְךָ וּבִדְבָרֶיךָ הַטּוֹב. וְלֶהָמוֹן הָעָם בְּהַסְבָּרַת פָּנִים וּבִנְתִינַת שָׁלוֹם וּלְשׂוֹנְאַךְ בְּצִדְקָה. וְחוּס עַל תּוֹדָתְךָ וְזָכָה עִם הַכֹּל בְּמַעֲשֶׂיךָ. וְזִכְרְךָ עִם הַכֹּל:

10.   Be liberal to thy friends with thy heart and thy means, to thy acquaintances with thine

influence and kind words, bestow on mankind
thy countenance and friendly salutation, on
thine enemies, thy charity - be mindful of the
law of God, but of thy reputation above all.

יא. וְאָמַר הִזָּהֵר מִמִּי שֶׁאַהֲבָתוֹ כְּפִי הַצֹּרֶךְ. כִּי עִם הִשָּׁלְמַת
הַצֹּרֶךְ תִּשָּׁלֵם אַהֲבָתוֹ:

11.　　Beware of those who measure their love
by their interest, for the one expires when the
other is attained.

יב. וְאָמַר אַל תִּשָּׁיאֲךָ אַהֲבַת הַמֶּלֶךְ כְּשֶׁהַשַּׂר אוֹיֵב לְךָ
וּכְשֶׁאַתָּה בָּטוּחַ מִן הַשַּׂר. אַל תִּירָא מִן הַמֶּלֶךְ:

12.　　Depend not on the favour of the prince,
if the minister frown on thee, but with the
favour of the latter thou neediest not despair of
the former.

יג. וְאָמַר לֹא אֲהָבֻנִי אָדָם שֶׁלֹּא הָיְתָה לוֹ אָהַבְתִּי זָכָה כָּל יָמָי.
וְלֹא שְׂנָאֻנִי אָדָם שֶׁלֹּא הִתְפַּלַּלְתִּי בַּעֲדוֹ שֶׁיִּשְׁרֵהוּ הַבּוֹרֵא. וְלֹא
הֶאֱמִין אָדָם אוֹתִי עַל סוֹדוֹ וּגְלִיתִיו. וְלֹא שָׁלַחְתִּי יָד בְּדָבָר
שֶׁאֵינוֹ הָגוּן. וְלֹא אָמַרְתִּי הֵן וְהֶחֱזַרְתִּי בּוֹ אֲפִלּוּ אִם הָיְתָה
מְאַבֶּדֶת כָּל מָמוֹנִי מִמֶּנִּי וּבָנַי:

13.　　I never failed to repay the love of my
friends with pure and undivided affections, nor
to pray to God to restore mine enemies to the
path of rectitude, neither betrayed the secret
entrusted to me, nor desired a thing unworthy
of me, nor did I assent and retract, even at the
risk of my worldly treasures.

יד. וְאַחַר כֵּן אָמַרְתִּי. בְּכָל דָּבָר הוּא הַסֵּבֶל הַטּוֹב אֶלָּא עַל

הָאוֹהֵב:

14. Patience is always commendable, save when our friend is calumniated.

פֶּרֶק כו Chapter 26

א. אָמַר הֶחָכָם כְּשֶׁתִּרְאֶה אֲמַתְלַת הַהִתְנַצְּלוּת. יָסוּר הָרָחוֹק:
1. Let animosity vanish on the appearance of the excuse.

ב. וְאָמַר אֵין טוֹב לִתְפֹּס עַל מִי שֶׁהִתְנַצֵּל:
2. It is ungenerous to chide him who craves our pardon, and to harbour resentment against him who apologizes.

ג. וְאָמַר מִי שֶׁאֵינוֹ נוֹשֵׂא עָוֹן וּמְקַבֵּל הִתְנַצְּלוּת אֶל תְּבַקֵּשׁ חֲבוּרָתוֹ:
3. Avoid the friendship of those who will neither forgive, nor accept an apology.

ד. וְאָמַר כְּשֶׁיִתְנַצֵּל לְךָ אוֹהַבְךָ מִקְּצוּרוֹ בֶּאֱמֶת אוֹ בַּאֲמַתְלָא אוֹ בְּהוֹדָאָה אַל תִּתְפֵּס עָלָיו וּמְחוֹל לוֹ. כִּי הַמְּחִילָה מִמִּדּוֹת הַנְּדִיבוֹת:
4. Let reconciliation crown the apology and confession, however laconic, for forgiveness is the attribute of the philanthropist.

ה. וְאָמַר כִּי אָדָם אֶחָד הִתְנַצֵּל לְאוֹהֲבוֹ וְאָמַר לוֹ אוֹהֲבוֹ. כְּבָר לֹא הִצְרִיכְךָ הַבּוֹרֵא אֶל הַהִתְנַצְּלוּת. כִּי דַנְנוּ אוֹתְךָ לִזְכוּת. וְלֹא הִצְרַכְנוּ לַחֲשֹׁב עָלֶיךָ רַע בְּאַהֲבָתֵנוּ אוֹתְךָ:
5. The following reply was made by a friend to whom an apologetic appeal was addressed - Thy Creator never demanded from thee this justification, neither do my favourable

sentiments and disinterested love for thee admit the very least idea of malice.

ו. וְאָמַר אִישׁ אֶחָד לְאוֹהֲבוֹ אַל יִתְעַכֵּב עַמִּי עוֹנְךָ אֶלָּא עֲדֵי הִתְנַצְּלוּת אַף עַל פִּי שֶׁהָאֶחָד בָּרוּר לִי וְהַשֵּׁנִי סָפֵק. כְּדֵי שֶׁתִּהְיֶה לִי יָד אֶצְלְךָ וְתָקוּם טַעֲנָתִי עָלֶיךָ:

6.   Man should remember grievances only until some justification is offered, though the first may be certain and the second doubtful, so that the aggrieved may retain some influence over him for a fitting opportunity.

ז. וְאָמַר מִי הֶעָצֵל שֶׁבִּבְנֵי אָדָם. מִי שֶׁמִּתְעַצֵּל מִקְנוֹת הָאוֹהֲבִים. וְיוֹתֵר עָצֵל מִי שֶׁבָּאוּ לְיָדוֹ וַאֲבָדָם:

7.   Who may be denominated the indolent amongst mankind, He who neglects to gain friends, but the greatest sluggard of all is he who possessed friends, but neglected to retain them.

ח. וְאָמַר קַבֵּל הִתְנַצְּלוּת מִמִּי שִׁיבָא לְהִתְנַצֵּל לְפָנֶיךָ אִם אֱמֶת אִם שֶׁקֶר. כִּי מִי שֶׁמְרַצֶּה אוֹתְךָ בְּגָלוּי מוֹקִירְךָ. וּמִי שֶׁמַּמָרָה אִתְּךָ בַּסֵּתֶר מְכַבְּדְךָ:

8.   Reject no justification from whomsoever it may emanate, regard not whether it be sincere or feigned, for he who appeases thee publicly esteems thee highly, and he who intrigues against thee secretly still respects thee.

פֶּרֶק כז　Chapter 27

א. אָמַר הֶחָכָם הִזָּהֵר מִיְשִׁיבָה אֵצֶל מִי שֶׁלֹּא תַּלְמוּד מִמֶּנּוּ טוֹב.

1. Beware of acquaintances from whom thou canst learn no good.

ב. וְאָמַר יְשִׁיבַת חֲבוּרָה רָעָה מַקְנֶה הַמִּדּוֹת הָרָעוֹת:

2. Intercourse with worthless associates engenders evil manners.

ג. וְאָמַר בְּמָה יִבְחַן הַמַּשְׂכִּיל אֶת נַפְשׁוֹ. אָמַר שֶׁיִּסְבֹּל חֶבְרַת אִשָּׁה רָעָה:

3. The sage was asked, how can a discreet man test his own temper, to which he replied, By the patient endurance of a bad wife.

ד. וְאָמַר הָאִשָּׁה הָרָעָה כְּמוֹ הַזְּאֵב שֶׁמַּחֲלִיף שַׂעֲרוֹ וְאֵינוֹ מַחֲלִיף טִבְעוֹ.

4. A bad wife may be compared to a wolf, that changes its coat, but not its nature.

ה. וְאָמַר הָרַע שֶׁבַּמִּתְחַבְּרִים שֶׁקּוֹנֶה הָאָדָם הָאִשָּׁה הָרָעָה וְהִיא חֲבוּרָה:

5. The most dangerous alliance is consorting with a bad woman - that is indeed a deep wound.

ו. וְאָמַר הִזָּהֵר מִשֶּׁבֶת עִם הַכְּסִיל. כִּי כַּמָּה פְּעָמִים הִפְסִיד הַכְּסִיל. אֶת הָעִנְיָן:

6. Avoid the companionship of the

arrogant, for often has it contaminated the meek and unassuming.

ז. וְאָמַר כְּשֶׁתֵּשֵׁב שֵׁב עִם הַנְּדִיבִים. כִּי אֵין כְּבוֹדוֹ שֶׁל אָדָם וּקְלוֹנוֹ אֶלָּא בְּאִישׁ יְשִׁיבָתוֹ:

7.   He used to say, let thine intercourse be with the noble and liberal-minded, for both the honour and disgrace of man are the natural results of his associates.

ח. וְאָמַר מִי שֶׁהִכְנִיס עַצְמוֹ בְּדָבָר רַע. יַשִּׂיגֵהוּ הַחֲשָׁד:

8.   He who enters on evil designs will be suspected.

ט. וְאָמַר מִי שֶׁיָּבִיא עַצְמוֹ אֶל הַחֲשָׁד אֶל יַאֲשִׁים מִי שֶׁמַּחְשָׁב עָלָיו רַע:

9.   He who has incurred suspicion, dares not complain of harsh criticism.

י. וְאָמַר שֵׁב עִם הַחֲכָמִים וְהָאֱזֵן אֶל חִידָתָם וְאֶל יָסוּרוּ מִלְּבָבֶךָ:

10.   Associate with the wise, listen to their sayings, and depart not from them.

יא. וְאָמַר מָה הוּא טוֹב לָאָדָם. אָמַר שֶׂכָל שֶׁיִּהְיֶה בּוֹ. וְאִם לֹא יִהְיֶה הַשֵּׂכֶל. הַמָּמוֹן שֶׁיִּתְהַדֵּר בּוֹ. וְאִם לֹא יִהְיֶה הַמָּמוֹן. הָאִשָּׁה שֶׁתְּכַסֶּה עַל מוּמָיו. וְאִם לֹא תִהְיֶה הָאִשָּׁה. הַשְּׁתִיקָה שֶׁתְּכַסֶּה עַל מוּמָיו. וְאִם לֹא תִהְיֶה הַשְּׁתִיקָה. הַקֶּבֶר טוֹב לוֹ:

11.   What is most advantageous to man, The sage replied, Either the possession of good sense, or worldly means that are productive of respect, a wife that will screen his faults, or

88

silence that will hide his failings, - but better the grave than the absence of all these.

יב. וְאָמַר אַרְבָּעָה מְאַבְּדִים אֶת הָאָדָם. הַגַּאֲוָה. וְהַקַּשׁוּת. וְהָעַצְלָה. וְהַמְּהִירוּת:

12. They used to say, four propensities destroy mankind - pride, waywardness, indolence, and rashness.

פֶּרֶק כח Chapter 28

א. אָמַר הֶחָכָם הָאוֹהֵב הַנֶּאֱמָן מִי שֶׁהִתְנַדֵּב לְךָ מִמָּמוֹנוֹ בְּעֵת
רְצוֹנְךָ וּבְנַפְשׁוֹ בְּעֵת צָרָתְךָ:

1.　　The sage has said, He alone is a true
friend, who will serve thee with his means in
time of distress, and with his soul in time of
need and danger.

ב. וְאָמַר כְּשֶׁתִּרְצֶה לְהִתְחַבֵּר עִם אָדָם הִכְעִיסָהוּ. וְאִם יוֹדֶה
לְךָ עַל הָאֱמֶת בְּעֵת כַּעֲסוֹ הִתְחַבֵּר לוֹ. וְאִם לָאו עֲזֹב אוֹתוֹ:

2.　　In thy choice of a friend, try to provoke
him, if, in the heat of passion, he admits the
truth, welcome him as thy friend, if not, discard
him.

ג. וְאָמַר אַל תִּבְטַח בְּהוֹדוֹת מִי שֶׁנָּתַתָּ לוֹ עַד שֶׁתִּמְנַע מִמֶּנּוּ.
כִּי הַסּוֹבֵל הוּא הַמּוֹדֶה וְהֶחָרֵד הוּא הַכּוֹפֵר:

3.　　Rely not on gratitude until thou hast
tested it by refusal, for the truly grateful is
patient, whilst the sullen is thankless indeed.

90

פֶּרֶק כט Chapter 29

א. אָמַר הֶחָכָם כָּל דָּבָר שֶׁתַּסְתִּיר אוֹתוֹ מִשּׂוֹנַאֲךָ אֶל תְּגַלֵּהוּ לְאוֹהֲבֶךָ:

1. The sage has said, disclose not that to thy friend which thou wouldst conceal from thine enemy.

ב. וְאָמַר כִּי אִישׁ אֶחָד גִּלָּה סוֹד לַאֲהֲבוֹ. אָמַר לוֹ הֲבַנְתָּ. אָמַר לוֹ הֵן הֲבַנְתִּי אֲבָל שָׁכַחְתִּי:

2. There was a man who, after confiding a secret to his friend, asked him if he understood him. Yes, replied the other, but I have since forgotten it.

ג. וְשָׁאַל לְחָכָם אֵיזֶהוּ הַסְתָּרַת הַסּוֹד. אָמַר אֶכְּחִיד הַמַּגִּיד וְאַסְתִּיר הַהַגָּדָה:

3. He was asked, how to conceal a secret effectually. Said he, I make my heart its tomb.

ד. וְשָׁאֲלוּ לְחָכָם הָאֵיךְ הַסְתָּרַת הַסּוֹד. אָמַר שַׂמְתִּי לִבִּי קִבְרוֹ:

4. The sage was asked the surest means of keeping a secret. His reply was, I chide the narrator and hide the narration.

ה. וְאָמַר הֶחָכָם לֹא גִלָּה לִי אָדָם מֵעוֹלָם סוֹד שֶׁהִפְקַדְתִּיו וְהֶאֱשַׁמְתִּיו. אֲבָל הֶאֱשַׁמְתִּי אֶת לִבִּי מִפְּנֵי שֶׁהָיָה צַר יוֹתֵר לְהָכִילוֹ בְּעֵת שֶׁהִפְקַדְתִּיו בְּלִבּוֹ:

5. I never, said the sage, condemned the betrayer of my entrusted secret, but reproached

91

mine own heart, which was too narrow to retain it, and led me to deposit it in his.

ו. וְאָמַר מִי שֶׁלְּבּוֹ צַר. לְשׁוֹנוֹ רָחָב:

6.　　A narrow mind has a broad tongue.

ז. וְאָמַר סוֹדְךָ אֲסִירְךָ. וְאִם תִּגְלֵהוּ תִּהְיֶה אֲסִירוֹ:

7.　　He used to say, an unrevealed secret is thy captive, but disclosed it is thy captor.

ח. וְאָמַר הַסּוֹד מָה שֶׁיִּהְיֶה בֵּין שְׁנַיִם. וּבִשְׁלָשָׁה אֵינוֹ נִסְתָּר:

8.　　That only is a secret which lies between two, with three it ceases to be so.

פֶּרֶק ל Chapter 30

א. אָמַר הֶחָכָם מִי שֶׁיִּבְחַר בְּצֶדֶק לְמָעוֹז יִכָּנְעוּ לוֹ בְּנֵי אָדָם עַל כָּרְחָם:

1. The sage observes, we submit involuntarily to him who has chosen righteousness for his stronghold.

ב. וְאָמַר מִי שֶׁבָּחַר בְּצֶדֶק לַדָּת יִהְיֶה לּוֹ לְמָגֵן חָזָק:

2. Righteousness adopted as a standard, becomes an impregnable shield.

ג. וְאָמַר הָאֱמוּנָה תּוֹלְדוֹת הַנְּדִיבוֹת:

3. Faithfulness is the offspring of benevolence.

ד. וְאָמַר נֶדֶר הַנָּדִיב מַתָּנָה מְהֵרָה. וְנֶדֶר הַכִּילַי הָאָחוֹר וְהָעֲלִילָה:

4. The vow of the philanthropist is promptly fulfilled, that of the avaricious is tardy and evasive.

ה. וְאָמַר כְּשֶׁתִּירָא מִן הַחֲרָטָה אָמַר לֹא קֹדֶם הֵן. וְכַאֲשֶׁר תֹּאמַר הֵן סָבוּל וְקַיָּם מָה שֶׁאָמַרְתָּ. כִּי לֹא אַחַר הֵן מְגֻנֶּה מְאֹד:

5. If thou wouldst avoid repentance, give thy denial rather than thine assent, but thine assent once given, endure it to injury, but retract not, for **No** that follows **Yes** is culpable indeed.

93

פֶּרֶק לא 31 Chapter

א. שָׁאֲלוּ לְחָכָם מַהוּ הַצְּנִיעוּת. אָמַר שֶׁיִּתְבַּיֵּשׁ אָדָם מֵעַצְמוֹ:
1. The sage was asked, what constitutes modesty, He answered, the blush caused by the consciousness of our secret misdeeds.

ב. וְשָׁאֲלוּ אוֹתוֹ מַהוּ הַנְּדִיבוּת. אָמַר שֶׁיָּחוּס אָדָם עַל תּוֹרָתוֹ וִיתַקֵּן מָמוֹנוֹ וְיַעֲשֶׂה מָה שֶׁהוּא חַיָּב בּוֹ:
2. He was further asked, what constitutes liberality, The due estimation of that which is lawful, and the application of our means to our moral obligations.

ג. וְאָמְרוּ לְחָכָם מֵהוּא הַצְּנִיעוּת. אָמַר הָעֲנָוָה וְהַחָכְמָה וְשָׁאֲלוּ אִתּוֹ מָה הָעֲנָוָה וְהַחָכְמָה:
3. What constitutes humility, Meekness united with wisdom.

ד. אָמַר הָעֲנָוָה עִם שְׁמִירַת הַתּוֹרָה וְהַהַנְהָגָה הַטּוֹבָה וְהַצֶּדֶק וְסֵבֶל הַמִּחְיָה. וְסֵבֶל הַפְּגָעִים. וְסֵבֶל הָעֶלוּב:
4. Being asked for further explanation, he replied, Humility, accompanied by the observance of the Divine law, an upright conduct, order in domestic expenditure, and calm submission to the vicissitudes of life.

ה. וְאָמַר לְחָכָם מַהוּ הַצְּנִיעוּת. אָמַר שֶׁלֹּא תַּעֲשֶׂה בְּסֵתֶר מָה שֶׁתִּתְבַּיֵּשׁ מִמֶּנּוּ בְּגָלוּי:
5. What is piety, to avoid in secret that for which we should blush in public.

94

ו. וְאָמַר הִתְרַחֵק מִן הָעֲבֵרוֹת כִּי אֵין צְנִיעוּת לְאָדָם אִם לֹא
יִהְיֶה בְּגָדָיו לְבָנִים. וּמִצְנִיעוּת הָאָדָם תִּקּוּן מָמוֹנוֹ:

6. Refrain from sins, for true piety exists but with spotless and pure morality, and is heightened by a judicious dispensation of our wealth.

ז. וְאָמַר אֵין תּוֹרָה אֶלָּא בִּצְנִיעוּת. וְהַצְּנִיעוּת עֲזִיבַת
הַתַּעֲנוּגִים:

7. True religion is incompatible with simulated piety; true piety consists in self-abnegation.

ח. וְאָמַר אֵינוֹ יָכֹל לִסְבֹּל מִדַּת צְנִיעוּת. אֶלָּא מִי שֶׁרוּחוֹ
נְדִיבָה:

8. He used to say, the generous and noble-hearted only can lay claim to true virtue.

ט. וְאָמַר תְּחִלַּת הַצְּנִיעוּת. הַקְבָּלַת פְּנֵי הָאוֹהֵב. הַשְּׁנִיָּה
לְהַרְאוֹת אַהֲבָתוֹ. הַשְּׁלִישִׁית לַעֲשׂוֹת חֲפָצָיו. הָרְבִיעִית
לְהִשְׁתַּתֵּף עִמּוֹ בְּצָרָתוֹ:

9. The first step to unobtrusive piety, is to afford a kind reception to our friends, the second, to manifest our friendship to them, the third, to comply - if possible - with their wishes, and the fourth, to participate in their adversity.

פֶּרֶק לֹב Chapter 32

א. אָמַר הֶחָכָם כְּשֶׁאֲנִי מְדַבֵּר יָכוֹל לִהְיוֹת שֶׁאֶתְחָרֵט. וּכְשֶׁאֵינִי מְדַבֵּר לֹא אֶתְחָרֵט:

1. The sage observes, my words may occasion regret, but my silence will avoid it.

ב. וְאָמַר כְּשֶׁאֲנִי מְדַבֵּר דָּבָר הוּא מוֹשֵׁל בִּי. וּכְשֶׁאֵינִי מְדַבֵּר אֲנִי מוֹשֵׁל בּוֹ:

2. He continued, Words uttered are my masters, but words suppressed, I am theirs.

ג. וְאָמַר אֲנִי עַל הַשֶּׁבֶת מָה שֶׁלֹּא אָמַרְתִּי יוֹתֵר יָכוֹל מֵעַל הַשֶּׁבֶת מָה שֶׁאָמַרְתִּי:

3. The injury caused by silence is easier repaired than that caused by speech.

ד. וְאָמַר מָה לִי לְדַבֵּר דָּבָר שֶׁאִם יְסֻפַּר עָלַי יַזִּיקֵנִי וְאִם לֹא יְסֻפַּר לֹא יוֹעִילֵנִי:

4. He used to say, what boot words, which if attributed to me might tend to my injury, and which if withheld would not benefit me.

ה. וְאָמַר יֵשׁ דָּבָר שֶׁמֵּסִיר דָּבָר רַבָּה:

5. Many advantages have been forfeited by an untimely word.

ו. וְאָמַר עֲצָלוּת הַשְּׁתִיקָה טוֹב מֵעֲצָלוּת הַדִּבּוּר. וְאָמַר מוֹת בְּמַדְוֶה הַשְּׁתִיקָה וְאֶל תָּמוּת בְּמַדְוֶה הַדִּבּוּר:

6. Sorrow occasioned by silence is less insupportable than that caused by words, nay,

96

even death from taciturnity is preferable to death from loquacity.

ז. וְאָמַר טוֹב שֶׁבַּעֲבוֹדָה הַשְּׁתִיקָה וְהַיִּחוּל:

7. The most acceptable devotion consists in silence and hope.

ח. וְאָמַר תִּתְחָרֵט פַּעַם אַחַת עַל הַשְּׁתִיקָה וְתִתְחָרֵט שְׁנֵי פְּעָמִים עַל הַדִּבּוּר:

8. Silence may be accompanied with one regret, speech with many.

ט. וְאָמַר הַשְּׁתִיקָה שֶׁל אָדָם טוֹב מִן הַדָּבוּר בְּלֹא עִתּוֹ:

9. Silence is preferable to an untimely word.

י. וְאָמַר בְּרֹב הַשְּׁתִיקָה יִהְיֶה הַמּוֹרָא:

10. Silence increases respect and reverence.

יא. וְאָמַר אָצוּר לְשׁוֹנְךָ כַּאֲשֶׁר תָּאֱצָר מָמוֹנְךָ:

11. Be as sparing with thy tongue, as thou art with thy wealth.

יב. וְאָמַר כְּשֶׁתֶּחְסַר הַמּוּסָר הַדָּבֵק בִּשְׁתִיקָה:

12. In the absence of a moral instructor, adhere to silence.

יג. וְאָמַר חֶרֶף הָאָדָם טָמוּן תַּחַת לְשׁוֹנוֹ: וְאָמַר מוֹת הָאָדָם בֵּין לְחָיָיו:

13. The destroyer of man lurks under his tongue, and death resides between his cheeks.

יד. וְאָמַר עֲדִיפַת הַדִּבּוּר עַל הַשֵּׂכֶל פָּתוּי. וַעֲדִיפַת הַשֵּׂכֶל עַל הַדִּבּוּר גְּנוּת. וְהַטּוֹב שֶׁיִּפֶה זֶה אֶת זֶה:

14. The preponderance of words over intellect may result in persuasiveness, that of intellect over words may entail blame, but beautiful is it when the one graces the other.

טו. וְאָמַר מִי שֶׁיִּהְיוּ דְבָרָיו יוֹתֵר מִשִּׂכְלוֹ יִהְיוּ דְבָרָיו עָלָיו. וּמִי שֶׁשִּׂכְלוֹ יוֹתֵר מִדְּבָרָיו יִהְיוּ דְבָרָיו לוֹ:

15. Words that exceed discretion acquire the ascendency over us, but when discretion prevails over our words, we govern them.

טז. וְאָמַר שֶׁאָדָם אֶחָד מֵאֶרֶץ עֲרָב נִכְנַס בַּמָּקוֹם יְשִׁיבָה וְהֶאֱרִיךְ לִשְׁתֹּק. אָמַר לוֹ בְּדִין קָרָאוּךְ מִנְּדִיבֵי עֲרָב. אָמַר לָהֶם אָחִי חֵלֶק הָאָדָם מֵאָזְנוֹ לְנַפְשׁוֹ. וְחֵלֶק הָאָדָם מִלְּשׁוֹנוֹ לְזוּלָתוֹ:

16. A certain Arab, having joined a circle of friends, listened patiently to them, with profound silence. He was at length asked, whence your rank amongst the noble and accomplished of Arabia, He replied meekly, my friends, the properties of the ear are man's alone, but those of the tongue belong to his fellow-men.

יז. וְאָמַר שֶׁחָכָם אֶחָד הֶאֱרִיךְ לִשְׁתֹּק. וּכְשֶׁהָיָה מְדַבֵּר הָיָה מְדַבֵּר בַּרְגִילוֹת. יוֹם אֶחָד אָמְרוּ לוֹ הַשְׁמִיעֵנִי בְּחַסְדְּךָ תֹּכֶן הַדְּבָרִים וְתוֹעַלְתָּם וְהַזֵּקָם. אָמַר לָהֶם אַרְבַּע פָּנִים הַדְּבָרִים. מֵהֶם הַדְּבָרִים שֶׁתִּקְוָה תּוֹעַלְתָּם וְתִירָא מֵאַחֲרִיתָם וְהָרִוּיחַ שֶׁבָּהֶם הַהַצָּלָה. וּמֵהֶם דְּבָרִים לֹא תִקְוָה תּוֹעַלְתָּם וְלֹא תִירָא מִנִּזְקָתָם. אִם תַּעַזְבֵם תָּקֵל מִשָּׂאָם מֵעַל גּוּפְךָ וּלְשׁוֹנְךָ. וּמֵהֶם

דְּבָרִים לֹא תִקְנָה תוֹעַלְתָּם וְתִירָא מֵאַחֲרִיתָם זֶהוּ הַנֶּזֶק. וּמֵהֶם דְּבָרִים תִּקְנֶה תוֹעַלְתָּם וְתִהְיֶה בָּטוּחַ מֵאַחֲרִיתָם. וְאֵלֶּה הַדְּבָרִים שֶׁאַתָּה חַיָּב בָּם לְדַבֵּר. וְהִנֵּה בָּטֵל שְׁלֹשֶׁת רְבִיעֵי הַדְּבָרִים:

17. A certain sage, renowned for his reservedness, caution, and eloquence, was asked to define the nature of speech, its advantages and disadvantages. My friends, replied he, speech may be classified under four heads - 1st. Words which may promise momentary benefit, but may still have in their train fatal consequences, to avoid which is advantageous. 2nd. Words which hold out no advantage, and may yet be pregnant with injurious results, these are indeed extremely dangerous. 3rd. Words that promise neither advantage nor disadvantage, the avoidance of which would afford both physical and mental ease. 4th. Words which may promise benefit and security for the future, these constitute the spirit of conversation. Reject the three, and embrace the fourth.

יח. וְאָמַר חָכָם כְּשֶׁתְּדַבֵּר הַמְעַט. כִּי כְּפִי שֶׁיִּמְעַטוּ דִּבְרֵי הָאָדָם יִמְעַטוּ טְעִיוֹתָיו:

18. The sage observes, be sparing in thy words, for the less thy words the less thine errors.

יט. וְאָמַר כְּשֶׁתְּדַבֵּר בַּלַּיְלָה הַשְׁפִּיל קוֹלְךָ. וּכְשֶׁתְּדַבֵּר בְּיוֹם הַבֵּט סְבִיבְךָ קֹדֶם שֶׁתְּדַבֵּר:

19. In thy conversation by night, let thy

voice be subdued, and by day cast thine eyes
around thee ere thou speakers.

כ. וְאָמַר תְּנָה סוֹדְךָ בַּשָּׂדֶה וַעֲצָתְךָ עַל הֶהָרִים כְּדֵי שֶׁתַּרְאֶה
סְבִיבְךָ:

20. Impart thy secret in a plain, and thy
advice on the summit of mountains, so that thy
view may be unimpeded.

כא. וְאָמַר מוֹת הָאָדָם בְּכִשְׁלוֹן לְשׁוֹנוֹ. וְלֹא מוֹת בְּכִשְׁלוֹן
רַגְלוֹ. כִּי בְּכִשְׁלוֹן לְשׁוֹנוֹ יָסִיר רֹאשׁוֹ. וְכִשְׁלוֹן רַגְלוֹ יְרַפֵּא
לִזְמַן מְעַט:

21. He was wont to say, A slip of the tongue
is more dangerous than the slip of the foot, for
the slip of the tongue may cost thy head, whilst
the slip of the foot may easily be cured.

פֶּרֶק לג Chapter 33

א. אָמַר הֶחָכָם דְּבַר אֱמֶת טוֹב מֵהַשְּׁתִיקָה מִמֶּנּוּ:
1.   The sage observes, A truthful word is better than silence.

ב. וְאָמַר כִּי אֲנָשִׁים גֻּנּוּ לִפְנֵי הַמֶּלֶךְ אַחַד הַדְּבָרִים. אָמַר חָלִילָה לָאֵל. כִּי מִי שֶׁיֵּיטִיב לַדָּבָר יוּכַל לִשְׁתֹּק וּלְהָטִיב:
2.   Some individuals having in the presence of the king indiscriminately censured speech, were thus addressed by him - Ear be it from me to agree with you, for he who knows when to speak, will likewise know when to be silent.

ג. וְאָמַר לֹא יִמְלָאֶנּוּ לִבּוֹ לְדַבֵּר אֶלָּא מֻפְלָג אוֹ מַחֲלִיק.
3.   None but the profound scholar or distinguished orator should address an assembly.

ד. וְאָמַר יֵשׁ מִלָּה שֶׁמַּחֲלִיק וּמְשִׁיבָה נָקֵמָה:
4.   There are many persuasive words that may soften down resentment.

פֶּרֶק לד   Chapter 34

א. אָמַר הֶחָכָם מִי שֶׁהַמֶּלֶךְ תְּבָעוֹ. תָּצֵר עָלָיו אַרְצוֹ:

1. The sage observed, He who is cited to appear before the king feels the extent of the whole realm a dungeon.

ב. וְאָמַר יְרֵאוּ אֱלֹהִים כְּפִי מָה שֶׁיֵּאוֹת. וְהַמֶּלֶךְ לִשְׁמֹעַ לוֹ יוֹתֵר מִמָּה שֶׁיֵּאוֹת לוֹ. וְהִתְנַהֲגוּ עִם בְּנֵי אָדָם בְּטוֹבָה:

2. He used to say, give due reverence to God, obedience to the king, and let your conduct towards your fellow-men be affable.

ג. וְאָמַר הַמֶּלֶךְ וְהַתּוֹרָה שְׁנֵי אַחִים לֹא יַעֲמֹד אֶחָד מִבַּלְתִּי הַשֵּׁנִי:

3. The king and the law are twins; the one is indispensable to the other.

ד. וְאָמַר אַל תָּדוּר בְּעִיר שֶׁאֵין הַמֶּלֶךְ נוֹרָא. וְשׁוֹפֵט צֶדֶק. וְרוֹפֵא חָכָם. וְשׁוּק נִמְצָא. וְנָהָר נָגָּר:

4. The sage continued, Dwell not in a city which lacks a venerated king, a righteous judge, a skilful physician, an established market, and a navigable river.

ה. וְאָמַר הַמֶּלֶךְ כָּאֵשׁ. אִם תִּרְחַק מִמֶּנּוּ תִּצְטָרֵךְ אֵלָיו. וְאִם תִּקְרַב אֵלָיו יִשְׂרְפֶךָ:

5. A king may be compared to a fire - at too great a distance we feel its want, when too nigh we scorch.

ו. וְאָמַר כַּאֲשֶׁר הַמֶּלֶךְ יְרִיבְךָ. הַמְעַט אָמְרְךָ. כִּי אַתָּה מְנֻצָּח:

6. If the king is opposed to thee, restrain thy words, for thou wilt surely be vanquished.

ז. וְאָמַר הָרַע שֶׁבְּמָמוֹן שֶׁלֹּא יוֹצִיאוּ מִמֶּנּוּ. וְהָרַע שֶׁבַּחֲבֵרִים הַמֵּדִיחַ. וְהָרַע שֶׁבַּמְּלָכִים אֲשֶׁר יְרָאֵהוּ הַנָּקִי. וְהָרַע שֶׁבְּאַרְצוֹת אֲשֶׁר. אֵין בָּהּ שֹׂבַע וְלֹא בִטְחָה:

7. The most worthless part of wealth is that which is unemployed, the most worthless of companions is the seducer, the most worthless of kings is he whom the innocent dread, and the most worthless country is that which, though fertile. Or, which affords neither fertility nor safety. yet affords its inhabitants no safety.

ח. וְאָמַר צַדִּק הַמֶּלֶךְ מוֹעִיל לְעַם הָאָרֶץ יוֹתֵר מִשֹּׂבַע הַזְּמָן:

8. A righteous king is more advantageous to his subjects than the most fruitful season.

ט. וְאָמַר חֶבְרַת הַמֶּלֶךְ אַף עַל פִּי שֶׁיֵּשׁ בּוֹ כָּבוֹד וִיקָר דּוֹמֶה לְהַר גָּבוֹהַּ שֶׁיֵּשׁ בּוֹ כָּל פְּרִי טוֹב וְכָל חַיּוֹת רָעוֹת. הָעֲלִיָּה אֵלָיו קָשָׁה. וְהָעֲמִידָה בּוֹ יוֹתֵר קָשָׁה:

9. The friendship of a king, though it confers dignity and honour, is like a lofty and steep mountain, abounding in delicious and refreshing fruits, but overrun with ferocious beasts - its ascent is toilsome, and the dwelling thereon doubly so.

י. וְאָמַר כְּשֶׁיַּחְמְסֵנוּ אָדָם נִזְעַק אֶל הַמֶּלֶךְ. וּכְשֶׁיַּחְמְסֵנוּ הַמֶּלֶךְ אֶל מִי נִזְעַק.

10. Against the injustice of our fellow-men

we appeal to the king, but against that of the king where is our redress,

Chapter 35   פֶּרֶק לה

א. אָמַר הֶחָכָם מְנוּחַת הַחֲכָמִים בְּמֹצָא הָאֱמֶת. מְנוּחַת הָאֱוִילִים בְּמֹצָא הַשֶּׁקֶר:

1. The sage observes, the wise find tranquillity in discovering the truth, the ignorant in folly.

ב. וְאָמַר בָּאֱמֶת קִיּוּם כָּל הַדְּבָרִים וּבְשֶּׁקֶר סוּרָם:

2. Truth establishes all things, falsehood overthrows them.

ג. וְאָמַר כִּי מֶלֶךְ אֶחָד צִוָּה לַהֲרֹג חָכָם אֶחָד שֶׁהָיָה חוֹלֵק עָלָיו בְּשֶּׁקֶר. וְכַאֲשֶׁר הוּצָא לְהֵרָגַ רָאָה אִשְׁתּוֹ שֶׁהָיְתָה בּוֹכָה. אָמַר לָהּ לָמָּה תִּבְכִּי. אָמְרָה לוֹ. וְלָמָּה לֹא אֶבְכֶּה וְהוֹרְגִים אוֹתְךָ עַל לֹא חָמָס בְּכַפֶּךָ. אָמַר לָהּ. וְהָאֵיךְ הָיִיתָ רוֹצָה שֶׁיַּהַרְגֵנִי עַל חָמָס שֶׁיִּהְיֶה בְכַפִּי.

3. A despot once condemned to death a sage, on false accusation. When led to death, he perceived his wife weeping bitterly. Why weepiest thou, said the sage. Have I not caused for tears, replied the wife, seeing that thou sufferers' death innocently, well, replied the sage, calmly, wouldst thou see me die guilty.

פֶּרֶק לוֹ   Chapter 36

א. אָמַר הֶחָכָם יֵשׁ שֶׁתִּהְיֶה הַחָכְמָה נְמִבְזֶה בְּמִסְכֵּנוּת וְהָאוֶּלֶת
תְּכֻסֶּה בְּעֹשֶׁר:

1.   The sage observes, the wisdom of the
poor is often despised, but riches cover folly.

ב. וְאָמַר עֹשֶׁר הָאָדָם יְכַסֶּה אֶת מוּמָיו וּמְצַדִּיקוֹ בִּכְזָבָיו.
וְשֵׂכֶל הָרָשׁ נִבְזֶה. וְחָכְמָתוֹ נֶחֱשֶׁבֶת לְאִוֶּלֶת:

2.   He further observed, the wealth of a man
conceals his failings, and justifies perfidy, but
the intelligence of the poor is contemned, and
his wisdom is counted as folly.

פֶּרֶק לז   Chapter 37

א. אָמַר הֶחָכָם הַכְּסִילִים הִתְפָּאֲרוּתָם בְּמָמוֹן וּגְנוּתָם הַחָכְמָה.
וְהִתְפָּאֲרוּת הַחֲכָמִים בְּחָכְמָה וּמוּסָר. וּגְנוּתָם הַמָּמוֹן
וְהַסַּכְלוּת:

1.   The sage said, the ignorant glory in sordidness, and disdain wisdom and morality, but the wise glory in morality and wisdom, and disdain sordidness and folly.

ב. וְאָמַר כִּי אָדָם עָשִׁיר עָבַר עַל חָכָם וְהָיָה לָבוּשׁ בִּגְדֵי
חֲמוּדוֹת. וְהֶחָכָם הָיָה לָבוּשׁ בְּלוּיוֹת. אָמַר לְחָכָם אַתָּה הוּא
שֶׁחָבַרְתָּ הַחָכְמָה וְקָבַעְתָּ הַנִּימוּסוֹת. וְהִרְבָּה לִתְמֹהַּ עָלָיו.
אָמַר לוֹ הֶחָכָם אֵין מַעֲלַת הָאֱמֶת הַבְּגָדִים הַחֲמוּדוֹת. אֶלָּא
הַדֵּעוֹת הַזְּכוֹת:

2.   It is related, that a rich man, sumptuously attired, happened to pass a sage who was meanly clad. Well, exclaimed the former, is it thou who hast written on science, philosophy, and politics, yes, mildly replied the sage, but the standard of true wisdom is not measured by costly raiment, but by pure and genuine knowledge.

פֶּרֶק לח Chapter 38

א. אָמַר הֶחָכָם הַמִּדּוֹת הַחֲמוּדוֹת עֶשֶׂר דְּבַר אֱמֶת. וְאַהֲבַת בְּנֵי אָדָם. וְתַת לְשׁוֹאֵל. וְהַגְּמוּל. וְהַטּוֹב. וְהַנֶּאֱמָנוּת. וְהַכְּנִיעָה לְשֹׁכֵן. וְהַכְּנִיעָה לְחָבֵר. וּכְבוֹד הָאוֹרֵחַ. וְרֹאשׁ כֻּלָּם הַבֹּשֶׁת:

1. The sage says, the attributes of polite manners are in ten - **1st.** Utterance of truth. **2nd.** Love of mankind. **3rd.** Liberality to the supplicant. **4th.** Gratitude. **5th.** Affability. **6th.** Faithfulness. **7th.** Condescension to our fellow-man. **8th.** Courtesy to friends. **9th.** Hospitality. **10th.** Modesty surpasses all.

ב. וְאָמַר הֶחָכָם לְחָכָם כָּמוֹךָ אֱחוֹז הַמִּדּוֹת הַטּוֹבוֹת בָּעוֹלָם הַזֶּה. וְיוֹעִילוּךָ לְעוֹלָם הַבָּא. מָחוֹל לְעֹשֶׂה עַמְּךָ רָעָה. וְצַוֵּה לַעֲשׂוֹת הַטּוֹב. וְהִתְרַחֵק מֵהַכְּסִילִים:

2. The sage said, Wise though thou be, adhere to these pleasant attributes, and they will afford thee solace here and hereafter, be forgiving to those who have wronged thee, instruct others in the way of kindness, and shun the ignorant.

ג. וְאָמַר הַמִּדּוֹת הַחֲמוּדוֹת שָׁלֹשׁ עֶשְׂרֵה. הַיִּרְאָה. וְהַכָּבוֹד. וְהַהִסְתַּפְּקוּת. וְהַסֵּבֶל. וְהוֹדָאָה. וְהַבֹּשֶׁת. וְהַנְּדִיבוֹת. וְהַגְּבוּרָה. וְהַקִּנְאָה. וְהַצְּנִיעוּת. וְדָבָר אֱמֶת. וְהַנֶּאֱמָנוּת. וְהַסְבָּרַת פָּנִים:

3. He continued, Agreeable manners, may be enumerated thus - **1st.** The fear of God. **2nd.** Honour to fellow beings. **3rd.** Contentedness. **4th.** Patience. **5th.** Gratitude. **6th.** Diffidence.

7th. Liberality. 8th. Self-government. 9th. Emulation. 10th. Modesty. 11th. Utterance of truth. 12th. Faithfulness. 13th. and Cheerfulness.

ד. וְאָמַר עוֹד הַמִּדּוֹת הַחֲמוּדוֹת שֶׁבַע. הַסְבָּרַת פָּנִים. הָעֲנָוָה. וּכְבוֹד הַקְּרוֹבִים. וְשֶׁיִּתֵּן הַדִּין עַל חֲטָאָיו מֵעַצְמוֹ בְּעֵת הָרָצוֹן וְהַכַּעַס. וְשֶׁיִּתְבַּיֵּשׁ מֵחֲבֵרוֹ וְשֶׁיִּמְחֹל עַל מַכְעִיסָיו וְשֶׁיַּשְׁלִים:

4.   He observed, Urbanity may be further reduced to the following seven heads - 1st. Affability. 2nd. Humility. 3rd. Esteem to relatives. 4th. Impartiality in self judgment, irrespective of our peculiar emotions. 5th. A due sense of decorum. 6th. Forgiveness under provocation. 7th. and Self-command.

ה. וְאָמַר הֶחָכָם מִי שֶׁמִּדּוֹתָיו אֵלֶּה. חַיָּיו בִּנְעִימִים בָּעוֹלָם הַזֶּה וּבָעוֹלָם הַבָּא:

5.   He continued, He who possesses those qualities is sure to enjoy an unruffled existence, both in this world and in that which is to come.

ו. וְאָמַר הַשְׁלָמַת הַצְּנִיעוּת שֶׁבַע מִדּוֹת. לָשׁוֹן רַכָּה. וּגְמִילוּת חֲסָדִים. וְהִתְרַחֵק מֵהַזִּיק. וַיִּרְא מֵהַמּוּמִין. וְסוּר מִלָּשׁוֹן הָרַע. וְהָאֱמוּנָה. וּכְסוּת הַסּוֹד:

6.   Perfect diffidence consists in the seven following qualifications. 1st. Gentleness of expression. 2nd. Disinterestedness. 3rd. The eschewing of injury. 4th. Solicitude for our self-respect. 5th. The avoidance of calumny. 6th. Faithfulness. 7th. and Secrecy.

ז. וְאָמַר מִי שֶׁהִתְנַדֵּב יְהִי אָדוֹן וּמִי שֶׁהוּא כִּילַי נִבְזֶה:

7.   The philanthropist will earn superiority - the selfish slight.

ח. וְאָמַר שֶׁנָּדִיב אֶחָד נִכְנַס עַל אֶחָד מֵהַמְּלָכִים. אָמַר לוֹ הַמֶּלֶךְ הַגִּידָה לִי קְצָת מִנְּדִיבוֹתֶיךָ. אָמַר לוֹ הַנָּדִיב טוֹב שֶׁתִּשְׁמַע הַהַגָּדָה מִזּוּלָתִי. מִמָּה שֶׁתִּשְׁמָעֶנָּה מִמֶּנִּי:

8.   A certain philanthropist, in an interview with a king, was asked to recount some of his generous deeds. He meekly replied, I would rather your liege should hear it from others, than from me.

ט. אָמַר לוֹ הַמֶּלֶךְ גּוֹזֵר אֲנִי עָלֶיךָ שֶׁתֹּאמַר. אָמַר לוֹ מֵעוֹלָם לֹא יָשַׁב עַמִּי אָדָם וּפָשַׁטְתִּי רַגְלִי לְפָנָיו: אָמַר לוֹ וְלָמָּה. אָמַר לוֹ כְּדֵי שֶׁלֹּא יִרְאֶה שֶׁיֵּשׁ לִי עָלָיו מַעֲלָה וְיִתְרוֹן וְחֶסֶד אֲפִלּוּ אִם יֵשׁ לִי עָלָיו מַעֲלָה יִתְרוֹן וְחֶסֶד:

9.   But, replied the king, I command thee to speak. Well, said the other, never did I assume an attitude of superiority before my fellow-men. How so asked the king, because said he, that Or, I would not willingly parade. it shall not be supposed that I parade my rank, exalted station, and benevolence, although I may excel in these points.

י. וְלֹא הָרַע לִי אָדָם מֵעוֹלָם וּגְמַלְתִּיו רַע. אָמַר לוֹ וְלָמָּה. אָמַר לוֹ מִפְּנֵי שֶׁאִם הָיָה אָדָם חָשׁוּב רָאוּי לוֹ וְהַדִּין עָלַי לִמְחוֹל לְאָדָם חָשׁוּב. וְאִם נָבָל לֹא אֲחַלֵּל עַצְמִי שֶׁיְּדַבְּרוּ בִּי הַנְּבָלִים:

10.   Neither have I retaliated an injury, for, alleged he, if the aggressor be a man of

estimation, his motives are no doubt unquestionable, and claim my forbearance, if the contrary, I would not subject myself to the censure of the worthless.

יא. וְלֹא שָׁאַל מִמֶּנִּי אָדָם דָּבָר שֶׁלֹּא מִלֵּאתִי שְׁאֵלָתוֹ. וְרָאִיתִי. שֶׁחָלוּל פָּנָיו תְּמוּרָה מָה שֶׁנָּתַתִּי לוֹ אֲפִלּוּ אִם הָיִיתִי יוֹצֵא מִכָּל קִנְיָנִי. אָמַר לוֹ הַמֶּלֶךְ יָאוֹת לְךָ שֶׁתִּהְיֶה אָדוֹן בְּעַמְּךָ וּבְזוּלָתְךָ:

11. Nor did my gifts to my fellow-man ever bring the blush of shame into his countenance, though at the cost of my worldly possessions. Well, quota the king, thou, indeed, art fitted to rule over thine own people and others.

יב. וְאָמַר אֵין הַנָּדִיב מִי שֶׁהִתְנַדֵּב עַל מִי שֶׁהִתְנַדֵּב עָלָיו. וּקְרָב מִי שֶׁקֵּרְבוּ. כִּי אֵין זֶה אֶלָּא גְּמוּל. אֲבָל זֶה נָדִיב שֶׁמִּתְנַדֵּב עַל מִי שֶׁלֹּא הִתְנַדֵּב עָלָיו. וּמְקָרֵב מִי שֶׁמַּרְחִיק:

12. He used to observe, He cannot be termed munificent who returns liberality for liberality, and hospitality for hospitality - such is merely a requital, but he is truly munificent who returns liberality for selfishness, and kindness for repulsiveness.

יג. וְאָמַר מִי שֶׁחֲנָנוּ הַבּוֹרֵא אַרְבַּע מִדּוֹת הַלָּלוּ לֹא יַזִּיק לוֹ מָה שֶׁנִּמְנַע לוֹ מִן הָעוֹלָם. דַּעַת נוֹחָה. וְהֶסְדֵּר בְּמָזוֹן. וְדָבָר אֱמֶת. וְהָאֱמוּנָה:

13. He whom the Creator has favoured with the following four qualifications will endure unscathed the privations of this world - **1st**. An easy mind. **2nd**. Regularity in diet. **3rd**.

Veracity. **4th**. and Faithfulness.

יד. וְאָמַר שְׁנֵי דְבָרִים לֹא יְקַבְּצוּ לְעוֹלָם. הַכָּזָב וְהַצְּנִיעוּת:
14. Falsehood and humility are incompatible.

טו. וְאָמַר הַנֶּפֶשׁ הַטּוֹבָה. וְהַשָּׁכֵן הַטּוֹב. וְהַדִּירָה הַטּוֹבָה.
וְהַבְּגָדִים הַנְּקִיִּים מַאֲרִיכִין יָמָיו שֶׁל אָדָם בְּטוֹבָה:
15. It has often been remarked, that a benign disposition, a kind neighbour, a comely dwelling, and clean garments, ensure a long and happy existence.

טז. וְאָמַר מִי שֶׁחֲנָנוּ הַבּוֹרֵא נֶפֶשׁ טוֹבָה הוּא מִבְּנֵי הָעוֹלָם
הַבָּא:
16. He who is blessed by the Creator with a benevolent disposition will partake of future bliss.

יז. וְאָמַר מַהוּ הַיַּחַס הַגָּדוֹל. אָמַר גְּמִילוּת חֶסֶד לִבְנֵי אָדָם:
17. What constitutes the most noble pedigree, Disinterestedness was his reply.

יח. וְאָמַר לָדַעַת הַנּוֹחָה תְּחִלָּה וְתַכְלִית. תְּחִלָּתוֹ הַחָכְמָה.
וְאַחֲרִיתָהּ הַשָּׁלוֹם. וּמִי שֶׁדַּעְתּוֹ נוֹחָה חַיָּיו בְּטוֹב. שִׂמְחָתוֹ
מַתְמֶדֶת וְלֹא יִצְעֲרוּ אוֹתוֹ הַפְּגָעִים:
18. He was wont to remark, the outset, like the termination, of a cheerful mind is felicitous, its commencement is wisdom, and its end is peace, for a felicitous life and perpetual bliss awaits the tranquil mind, nor can the vicissitudes of the world affect him.

יט. וְאָמְרוּ לַנָּדִיב בַּמֶּה הָיִיתָ אָדוֹן לְעַמְּךְ. אָמַר בְּהַרְבּוֹת הָאַכְסָנָאוּת וַעֲזִיבַת הַחוֹנֵף וְעֶזְרַת הַדַּלִּים:

19. A certain emir was asked by what means he had attained dominion over his people. He replied, By the unlimited practice of hospitality, by dismissing the sycophant, and by succouring the needy.

כ. וְאָמַר אֲנִי תַמַּהּ מִמָּה שֶׁיִּקְנֶה הָעֲבָדִים בְּמָמוֹנוֹ. וְאֵינוֹ קוֹנֶה בְּנֵי חֹרִין בַּהֲטָבָתוֹ:

20. Alas, exclaimed the sage, that a man should purchase slaves with wealth, and neglect to gain free men by his kindness.

כא. וְאָמַר מִי שֶׁהִתְמִיד חֲמִשָּׁה. יַגִּיעוּהוּ טוֹבָה וְהַצְלָחָה בָּעוֹלָם הַזֶּה וִיבַטְחוּהוּ לְחַיֵּי הָעוֹלָם הַבָּא. הִתְרַחֵק מֵהַזִּיק. וְהַדַּעַת נוֹחָה. וְהִתְרַחֵק מִן הַחוֹנֵף. וְהַמּוּסָר הַטּוֹב. וְהַמַּעֲשֶׂה הַטּוֹב:

399. A strict adherence to the following five principles constitutes a sure and constant safeguard - 1st. To avoid the infliction of injury. 2nd. To possess a tranquil mind. 3rd. To renounce flatterers. 4th. To adopt good morals. 5th. And to practise benevolence.

כב. וְאָמַר הַגָּדוֹל שֶׁבִּבְנֵי אָדָם מִי שֶׁדַּעְתּוֹ נוֹחָה מִכֻּלָּם. וַאֲחָזַתּוּ טוֹבָה מִכֻּלָּם:

400. The most eminent man is he whose mildness and sociability surpass those of others.

פֶּרֶק לט Chapter 39

א. אָמַר הֶחָכָם מִי שֶׁהִנִּיחַ בְּקֹר אוֹהֲבוֹ. חוֹמֵס נַפְשׁוֹ. וְאָמַר מִי שֶׁמְּבַקֵּר מִי שֶׁיְּכַבֵּד עָלָיו. יִפְגַּע בּוּז וְקָלוֹן:

1. The sage observes, the neglect of friendly intercourse entails a loss on ourselves. A troublesome visitor will meet with scorn and reproach.

ב. וְאָמַר בְּקֹר לְעִתִּים רְחוֹקִים. תּוֹסִיף אַהֲבָה:

2. Rare and far between visits increase love.

ג. וְאָמַר אִם תִּרְצֶה שֶׁיִּשְׂנָאוּךְ. בַּקֵּר תָּמִיד. וְשֶׁיּוֹסִיפוּ בְּךָ אַהֲבָה. בַּקֵּר לְעִתִּים רְחוֹקִים:

3. He used to remark, Frequent visits engender dislike, if rare they tend to increase friendship.

ד. וְאָמַר טָרַח מִיל לְבַקֵּר הַחוֹלֶה. וְטָרַח שְׁנַיִם לְהַכְנָסַת שָׁלוֹם בֵּין בְּנֵי אָדָם. וְטָרַח שְׁלֹשָׁה לִכְבוֹד הַבּוֹרֵא:

4. Let the distance of a mile not deter thee from visiting the sick, two from establishing peace between fellow-creatures, nor three from paying homage to thy Creator.

ה. וְאָמַר הִשָּׁמֵר מֵהַרְבּוֹת הַבִּקּוּר כִּי הוּא סִבַּת הַהַרְחָקָה. כִּי הַגֶּשֶׁם יָקוּצוּ בָהּ בְּהִתְמָדָתוֹ. וְיִתְפַּלְלוּ עָלָיו כַּאֲשֶׁר יֵעָצֵר:

5. Beware of frequent visits, for they often produce alienation, like showers, whose frequent descent annoys, but whose timely advent is devoutly prayed for.

114

פֶּרֶק מ 40 Chapter

א. אָמַר הֶחָכָם בִּקּוּר הַחוֹלִים מִן הָאָדָם הַכָּבֵד קָשֶׁה עַל
הַחוֹלָה יוֹתֵר מֵחָלְיוֹ:

1.   A Troublesome guest is more intolerable
to the patient than the disease itself.

ב. וְאָמַר אָדָם אֶחָד כָּבֵד בִּקּוּר הַחוֹלָה וְהֶאֱרִיךְ לָשֶׁבֶת. אָמַר
לוֹ הַחוֹלָה אִם יֵשׁ לְךָ בַּבַּיִת מְאוּמָה אוֹ אֲנִי חַיָּב לְךָ כְּלוּם.
קָחֶנּוּ וּלֵךְ:

2.   A patient annoyed by the lengthy visit of
an unwelcome guest, addressed him in the
following laconic and ironical strain. Dost,
thou claim any thing in my house, or do I owe
aught to thee, if so, take it and be gone.

ג. וְאָמַר עַל אָדָם אֶחָד שֶׁהָיָה חוֹלֶה. אָמְרוּ לוֹ מִמָּה אַתָּה
כּוֹאֵב. אָמַר לָהֶם מֵרֹב עֲוֹנוֹתַי.

3.   It is further related of a patient, who was
asked to state his grievance, my numerous sins,
said he.

ד. אָמְרוּ לוֹ מָה אַתָּה מִתְאַוֶּה. אָמַר הַכַּפָּרָה. אָמְרוּ נִקְרָא
לָרוֹפֵא. אָמַר לָהֶם הוּא הֶחֱלַנִי:

4.   What is thy desire, Forgiveness, he
replied. Shall we call in a physician, it was he,
replied the patient, who caused my illness.

115

פֶּרֶק מא Chapter 41

א. אָמַר הֶחָכָם שְׁנֵי דְבָרִים אֵין בָּעוֹלָם יוֹתֵר מְעַטִּים מֵהֶם. וּבְכָל יוֹם וָיוֹם יוֹסִיף מְעוֹטָם. מָמוֹן מֵהַתָּר עַתּוֹצִיא אוֹתוֹ לְשֵׁם שָׁמַיִם. וְאוֹהֵב נֶאֱמָן שֶׁתִּבְטַח בּוֹ.

1. The sage observed, there are two blessings which are the rarest in the world, and which become daily still rarer, legitimate means applied to pious purposes, and a trusty friend to rely on.

ב. וְאָמַר אָדָם אֶחָד לְחָכָם הוֹרֵנִי עַל מִי שֶׁאֵשֵׁב עִמּוֹ. אָמַר לוֹ זֹאת הָאֲבֵדָה לֹא מָצָאתִי:

2. A man asked the sage to advise him with whom to associate. The sage replied this is a question, to which I can offer no solution.

פֶּרֶק מב Chapter 42

א. כָּתַב הֶחָכָם לִבְנוֹ. שָׁלוֹם לְךָ בְּנִי בְּחִירִי. הָבֵן כְּתָבִי וְתֵן לִבְּךָ לַעֲצָתִי הַטּוֹבָה. וְתוֹכַחְתִּי אֶל תִּמְאָס. וְהַט אָזְנֶיךָ לְאִמְרָתִי:

1.   The sage thus addressed his son - Peace be with thee, my son. Ponder on this mine epistle, and direct thine heart to my good counsel, despise not mine instructions, and incline thine ear to my words.

ב. וְעָשָׂה מָה. שֶׁאַתָּה רוֹאֶה בִּכְתָבִי. וְתַשְׂכִּיל וְתַצְלִיחַ בְּכָל דְּרָכֶיךָ וְאֶל. תִּשְׁתַּדֵּל בְּזוּלָתוֹ. וְאֶל תִּתְעַסֵּק בְּבִלְעָדוּ. וְאַל תַּחֲשֹׁב בְּבָלָתוֹ:

2.   Practise that which I have written, thou wilt then succeed and prosper, and let naught else occupy thy mind, nor engross thine attention.

ג. וְדַע כִּי הַחָכְמָה בַּלִּמּוּד. וְהַלִּמּוּד בַּהֲבָנָה. וְהַתְמָדָה. וּבַחֲרִיצוּת. כִּי הָרוֹאוֹת אֵינָן עוֹרוֹת. אֲבָל הַלְּבָבוֹת עוֹרִים:

3.   Know then, that wisdom is based on study, study on reflection, perseverance, and diligence, for blindness is not of the eyes, but of the heart.

ד. עַל כֵּן עַיֵּן בִּכְתָבִי. וְתֵן לִבְּךָ בְּמָה שֶׁיֵּשׁ בּוֹ. כִּי לֹא תוֹעִיל פְּתִיחַת הָעַיִן כַּאֲשֶׁר יִהְיֶה הַלֵּב עִוֵּר. וְלֹא יוֹעִיל גֹּדֶל הַגּוּף וְאָרְכּוּ. כַּאֲשֶׁר יִהְיֶה הַלֵּב רַק מִשְׂכָּל:

4.   Therefore, reflect on mine epistle and on its contents, for what availed the open eye, if

117

the heart be blind and obdurate, Or, what gain is there, if the ear listens and is attentive, or what boots the beauty of external appearance, if the heart be void of understanding.

ה. הֲלֹא שָׁמַעְתָּ חָכָם אוֹמֵר אֵין רְאוּת הָעַיִן מוֹעִילוֹ כְּשֶׁהַלֵּב עֵוֵר. וְלֹא יָעוֹז כְּרִיַּת הָאֹזֶן כַּאֲשֶׁר הַלֵּב עֵוֵר. וְכַמָּה יֵשׁ מִבְּנֵי אָדָם שֶׁיֵּרְהִיבְךָ מַרְאֵהוּ. וְכַאֲשֶׁר יְדַבֵּר יֵחָשֵׁב אִלֵּם:

5.   Has not the sage often declared that vision is dimmed, if the heart be blind, many there are whose appearance may influence thee, but listen to their words, and thou wilt number them amongst the dumb.

ו. וְדַע כִּי הַמּוֹכִיחַ אֶת מִי שֶׁאֵינוֹ נוֹכֵחַ. וְהַלּוֹמֵד אֶת מִי שֶׁאֵינוֹ לָמֵד. כִּמְנַגֵּן אֶל הַמֵּתִים אוֹ כְּצוֹעֵק אֶל הַצְּלָמִים:

6.   Again, He who would correct the untoward and instruct the grossly ignorant resembles him who would play music to the dead or invoke idols.

ז. וְהַמַּשְׂכִּיל הַנִּלְבָּב יַסְפִּיק לוֹ הַמְּעַט מֵהַתּוֹכַחַת. וְהַמִּלָּה הָאַחַת מִן הַחָכְמָה יְקַבְּעֶנָּה לְחוֹבָה. וְיָשִׂים הַדְּבָרִים דְּמְיוֹנִים. וְיִשְׁקֹל קְצָתָם בִּקְצָתָם:

7.   But the least admonition suffices for the intelligent, a word will impress him with the important duties which wisdom enjoins, and will teach him to infer, to weigh, and to compare,

ח. יַחְכִּימֵהוּ הַנִּסְיוֹנוֹת לְרֹחַב לְבָב הַדֵּעוֹת. וְהָרְגֵשׁ לַדְּבָרִים הַנֶּעֱלָמִים:

8. Experience will make him wise, enlarge his mind, and reveal to him, that which was concealed.

ט. וּכְבָר אָמַר חֶכָם לִבְנוֹ. דַּע בְּנִי כִּי הַמּוּסָר רֹאשׁ הַשֵּׂכֶל. וְהַשְּׁתִיקָה כּוֹלֶלֶת הַחָכְמוֹת:

9. For, as it was observed by a sage to his son, know that morality is the summit of discretion, and silence the crown of wisdom.

י. וּבַקָּשׁוֹת הַחָכְמָה. פֶּתַח הַטּוֹבָה. וּמַלְבּוּשׁ הָאַהֲבָה. וּבַקָּשַׁת הָאוֹלַת פֶּתַח הָרָעָה וּמַלְבּוּשׁ הַשִּׂנְאָה:

10. The pursuit of wisdom leads to happiness and to the protection of friendship, whilst in the train of folly follow misery and hatred.

יא. וְהַמְּחִילָה טוֹבָה. וְהָאֱמוּנָה תִּפְאֶרֶת לְאָדָם. וְהַיֹּשֶׁר הַטּוֹב שֶׁבַּחֲבֵרִים:

11. Forgiveness yields felicity, faithfulness is the ornament of mankind, and uprightness the best of associates.

יב. וְהַחָכְמָה נָחֲלָה טוֹבָה. וְהַכָּזָב מַפְתֵּחַ הָאַשְׁמִים. וְהַחוֹנֵף גּוֹרֵם רָעָה. וַחֲגוֹרַת שִׂנְאָה:

12. Wisdom is a goodly inheritance, falsehood is the key to guilt, hypocrisy causes evil and encircles with hatred.

יג. וְהַעֲבָרַת מְשַׁכַּחַת הַטַּעֲנָה. וְהַמְּהִירוּת מְחַלְּשֶׁת הָעֵצָה מֵרַע מוּסָר. וְרֹעַ הַמּוּסָר מוֹרִישׁ הַבִּזָּיוֹן. וּמַצְמִיחַ הַתִּגְרָה:

13. Anger perplexes the pleader,

119

forwardness enfeebles counsel, feeble counsel deteriorates morals, the deterioration of morals engenders disgrace and promotes strife.

יד. וְרֹב הַשְּׂחוֹק סִימָן שׁוֹטֶה. וּמִי שֶׁהֶרְאָה שִׁנָּיו נִתְמַעֵט מוֹרָאוֹ:

14. Excessive laughter denotes folly, and he who exposes his teeth lessens his respect.

טו. וְהַשֶּׁקֶר מַעֲשֵׂה הַקָּצוּר:

15. The reign of falsehood is but brief.

טז. וּמָבוֹא הָרַע חָשָׁד. וְחֶבְרַת הָרָעִים מִפְסֶדֶת הָאֱמוּנָה. וְחֶבְרַת הַטּוֹבִים מוֹסִיפָה הַשֵּׂכֶל וּמְחַיָּה הַלֵּב וּמַזְכֶּרֶת הַדַּעַת וּמְאִירָה. הַפָּנִים וּמְפַרְסֶמֶת הַטּוֹב:

16. Questionable resorts excite suspicion, evil associates destroy religious principles, but the society of the virtuous increase's intelligence, exhilarates the heart, sustains knowledge, brightens the countenance, and is the herald of virtue.

יז. וְהַמּוּסָר מוֹסִיף בְּזָרִיזוּת הַמַּשְׂכִּיל. וְכַמָּה אִישׁ שֵׂכֶל שֶׁכֶל מִבְּלִי מוּסָר בָּזוּ לוֹ בְּשִׂכְלוֹ. וְלֹא הוֹעִיל הַשֵּׂכֶל מִבְּלִי מוּסָר. וַאֲשֶׁר קָנָה מוּסָר מוֹסִיף מַעֲלַת שֵׂכֶל וּזְרִיזוּת:

17. Morality develops the acumen of the discreet, hut the intelligent often subject themselves to contempt from the want of morality, for intellect without morality is utterly useless, whilst their union tends to enhance station, distinction, and diligence.

יח. וְלוּלֵי הַמּוּסָר הָיוּ בְּנֵי אָדָם שָׁוִים. אֲבָל יִתְרוֹן קְצָתָם עַל קְצָתָם בַּמּוּסָר הַטּוֹב:

18. Were it not for morality, there would have been no distinction between man and man, but good morals confer pre-eminence.

יט. וְאוֹדִיעֲךָ כִּי הַשּׁוֹטֶה אֵין לוֹ רְפוּאָה. וְהוּא מְדֻוֶּה שֶׁאֵין לוֹ תַּקָּנָה:

19. Know further, my son, that there is no remedy for folly, for it is an incurable disease.

כ. וְהַמַּשְׂכִּיל פְּאֵר לְעַצְמוֹ וּבְרָכָה לְנַפְשׁוֹ וְכָבוֹד לְבֵיתוֹ וְתִפְאֶרֶת לַחֲבֵרוֹ וִיקָר לְמִשְׁפַּחְתּוֹ. וְהוּא מְנַשֵּׂא נַפְשׁוֹ וּמַכְנִיעָהּ כַּאֲשֶׁר יַחְפֹּץ:

20. The discreet reflects glory and blessing on himself, honour on his house, is an ornament to his friends, a credit to his kindred, and knows when to assume dignity or meekness.

כא. וְאִם יִהְיֶה הַמַּשְׂכִּיל רָשׁ וְיִהְיֶה לוֹ לְדַבֵּר אֶל מֶלֶךְ יֵשֵׁב עִם הַגְּדוֹלִים וְיִכָּנֵס עִם הַשָּׂרִים וִישַׁבְּחוּהוּ בְּנֵי אָדָם וְיִתְאַוּוּהוּ מַכִּירָיו וְיִתְפָּאֲרוּ בּוֹ אוֹהֲבָיו וְיִרְאוּ אוֹתוֹ שׂוֹנְאָיו. וְהוּא מְיַסֵּר אֶת נַפְשׁוֹ וְרוֹעֶה אוֹתָהּ:

21. The intelligent, however humble, will find ready access to the presence of kings, be seated with the great, introduced amongst princes, mankind will praise him, his acquaintance will be coveted, his friendship valued, his enmity dreaded, and he will remain his own monitor and guide.

כב. וְאָמַר הֶחָכָם אֵין לְמַשְׂכִּיל מוֹכִיחַ כְּנַפְשׁוֹ. וְאֵין לַכְּסִיל מוֹכִיחַ כְּמַשְׂכִּיל:

22. The wise man is his own best monitor, but the most useful moral guide to the untutored is the learned.

כג. וְאֵין מַנְהִיג לִבְנֵי אָדָם כְּבַעַל הַנִּסְיוֹנוֹת הַמַּשְׂכִּיל. וְאֵין אוֹהֵב נֶאֱמָן כְּנָדִיב:

23. The intelligent and experienced are the fittest guides, and none deserves implicit friendship more than a benevolent disposition.

כד. וְלַחֲכַם לֵב יִקָּרֵא נָבוֹן. וְלֹא לָמַד הָאָדָם אֶלָּא שֶׁיֵּדַע. וְהַיָּמִים יְחַכְּמוּהוּ בַּמֶּה שֶׁלֹּא יָדַע. וְלֹא יוֹעִיל הַמּוּסָר לְמִי שֶׁאֵינוֹ מֵבִין:

24. The wise of heart may be termed acute and penetrating. Man learns in order to attain knowledge, time confers experience and enlightenment, but morality without intelligence is unproductive.

כה. וְאָמַר הֶחָכָם כְּשֶׁתִּשְׁאַל עַל הָאָדָם שְׁאַל מִי רֵעֵהוּ. כִּי כָּל מַעֲשֵׂה הָאָדָם כְּמַעֲשֵׂה רֵעֵהוּ. עַל כֵּן כְּשֶׁתִּהְיֶה בְּתוֹךְ עַם. הִתְרַע לַטּוֹב שֶׁבָּהֶם וְאַל תִּתְרַע לָרַע פֶּן תִּהְיֶה כָּמוֹהוּ:

25. To ascertain a character, learn his companion, for man imitates his associates, therefore, in all thy relations, join the virtuous and shun the wicked, lest thou be contaminated.

כו. וְדַע כִּי הָאֱוִיל אִם יִהְיֶה נִמְצָא. לֹא יִשְׁאֲלוּ עֲצָתוֹ. וְאִם יִפָּקֵד לֹא יִפָּקֵד וְלֹא יִהְיֶה נִכְבָּד כָּל יָמָיו:

26.   Know further, my son, that the presence of the ignorant will never be regarded, his absence regretted, nor will he ever acquire respect.

כז. וְאִם יִהְיֶה בְּמוֹשַׁב הַחֲכָמִים יִשְׁמַע הַדְּבָרִים וְלֹא יָבִין וְיִרְאֶה הָעִנְיָנִים וְלֹא יַרְגִּישׁ:

27.   In the assembly of the wise he will hear and see that which he can neither understand nor appreciate.

כח. הִשָּׁמֶר לְךָ בְּנִי מֵהִתְעַלֵּם מִן הַחָכְמָה וּמִגָּעוּל בָּהּ, וְהִזָּהֵר מֵהַדִּבּוּר הָרַע בַּמּוֹשָׁבוֹת. וּמִן הַשִּׂיחָה לִפְנֵי חַכְמֵי הַתּוֹרָה וּמִן הַשְּׂחוּק לִפְנֵי הַחֲכָמִים:

28.   Take heed, my son, that wisdom be ever present before thee, slight it not, beware of coarse expressions in society, avoid loquacity in the presence of the wise in the holy law, and frivolity before the learned men.

כט. וְשָׁמַע לְחַכְמֵי הַתּוֹרָה. וְהִכָּנַע לְחָכָם וְכַבֵּד אֶת הַגָּדוֹל וְרַפֵּה כְּנָפֶיךָ לְקָטָן וְעָזוֹב אֶת הַחֹנֶף וְהַגַּאֲוָה. כִּי הֵם מַזִּיקִים לָאָדָם וְהֵם מִן הַשִּׁגָּעוֹן וְקַלּוּת הַדַּעַת:

29.   Hearken to the learned in the holy law, be submissive to the wise, respect the great, be condescending to the lowly, and abandon hypocrisy and pride, for they are injurious to mankind and are akin to madness and levity.

ל. וְדַע כִּי מִדּוֹת הַנְּדִיבִים אוֹהֵב בְּנֵי אָדָם וְהִתְעַלֵּם מִמּוּמֵיהֶם. וַעֲזִיבַת הַנְּטִירָה לְחוֹטֵא. וְהַמְּחִילָה לְמֵרִיעַ. וְהַסְבָּרַת פָּנִים לְדַל וּכְבוֹד הָאוֹהֲבִים:

30. Be aware, my son, that the characteristic
of the liberal and noble-minded is, to love
mankind, to overlook their faults, to bear no
grudge to those who offend him, to pardon
injuries, to be affable to the poor, and devoted
to his friends.

לא. וְאֶל תְּחַפֵּשׂ עַל עִנְיְנֵי בְּנֵי אָדָם וְאֶל תַּחְקֹר עַל הַדְּבָרִים.
וְהִסְתַּכֵּל בְּמָה שֶׁצִּוִּיתִיךָ. וְצֹרֶךְ יַעֲזָרֶךָ:

31. My son, intermeddle not with the affairs
of others, nor pry into their concerns, reflect
well on my injunction, and the Eternal will
assist thee.

פֶּרֶק מג Chapter 43

א. אָמַר הֶחָכָם. בְּנִי אַל תְּקַבֵּל שְׂרָרָה עַל אַנְשֵׁי עִירְךָ. וְאֶל תְּבַזֶּה לַדָּבָר הַקָּטָן. כִּי יָבֹא לַדָּבָר הַגָּדוֹל:

1. The sage addressed his son - Consent not to rule over thy townsmen, nor despise trifles, for they may become of importance.

ב. וְאֶל תַּחֲלֹק עִם אָדָם כַּעֲסָן. כִּי אַתָּה מְצַעֵר אוֹתוֹ. וְאֶל יְקַבְצוּ בְּמוֹשָׁבְךָ שְׁנֵי אֲנָשִׁים שֶׁחוֹלְקִים לְנָצוּחַ. וְאֶל תִּשְׂמַח בִּנְפֹל אוֹיְבֶךָ. כִּי לֹא תֵדַע מַה יְבוֹאֶךָ:

2. Contend not with the passionate man, lest thou vex him, nor admit into thy society those who dispute merely to oppose, rejoice not at the fall of thine enemies, for thou knowest not what may befall thee.

ג. וְאֶל תֵּרָאֶה הַיְכֹלֶת בְּעֵת הַגְּבוּרָה כִּי אֵינְךָ יוֹדֵעַ אֵיךְ יַחֲזֹר הַזְּמָן עָלֶיךָ:

3. Evince not thy superiority, though thou hast power to exercise it, for alas! thou knowest not what time has in store for thee.

ד. וְאֶל תִּלְעַג לְטָעוּת זוּלָתְךָ. כִּי אֵינְךָ מוֹשֵׁל בְּדִבּוּר פִּיךָ. וְקַבֵּל טָעוּת בְּנֵי אָדָם בִּדְמוּת הַנְּכוֹנָה כְּפִי יְכָלְתְּךָ:

4. Deride not the errors of thy fellow-man, for thou canst scarcely control the words of thine own mouth, and be to the utmost lenient to the faults of others.

ה. וְאַל תִּתֵּן אַהֲבָתְךָ לְאוֹהֲבֶךָ בְּפַעַם אַחַת. וְשִׂים הָאֱמֶת תָּמִיד

125

לְעָמָתְךָ. תִּנָצֵל כָּל יָמֶיךָ וְתִהְיֶה לְעוֹלָם מִבְּנֵי חוֹרִין:

5. Confer not hastily thy friendship, let truth be ever before thee, thus thou wilt be safe and unshackled all thy days.

ו. וְאָמַר הֶחָכָם לִבְנוֹ דַּע כִּי רֹאשׁ הָאֱמוּנָה יִרְאַת הָאֱלֹהִים וְשָׁמוֹר מִצְוֹתָיו:

6. The sage continued, know that the fear of God and the observance of his commandments constitute the summit of faith.

ז. בְּנִי דַּע כִּי הָאֱלֹהִים יַעַד הַגְּבוֹהִים לְהַשְׁפִּילָם. וְהַשְּׁפָלִים לְהַגְבִּיהָם. עַל כֵּן הַשְׁפֵּל עַצְמְךָ כְּדֵי שֶׁיְנַשְׂאֲךָ הָאֱלֹהִים:

7. Reflect that God ordains the elevation of the lowly and the humbling of the great, therefore, humble thyself, in order that God may exalt thee.

ח. בְּנִי אַל תְּאַחֵר מֵהַתְּשׁוּבָה. כִּי יָבֹא הַפֶּגַע פִּתְאוֹם:

8. Delay not repentance, for death comes unawares.

ט. בְּנִי הַרְבֵּה מֵהָאוֹהֲבִים וְאַל תִּתֵּן לִבְּךָ לְמַעֲשֵׂה לְמִי שֶׁהֵרַע לָךְ:

9. Increase the number of thy friends, and set not thine heart against him who wronged thee.

י. בְּנִי אַל תִּמְכֹּר אִשְׁתְּךָ בְּיֹפִי אֵשֶׁת זוּלָתְךָ. כִּי הַחֵשֶׁק מַתְעֶה הַשֵּׂכֶל. וּכְבָר הִתְעָה מִי שֶׁהָיָה חָכָם מִמְּךָ:

10. Barter not thy wife for the charms of another, for lust deludes the intellect and alas, it misled one who was wiser than thou art.

יא. בְּנִי חָשׁוּב עַצְמְךָ רָשׁ וְאִם תִּהְיֶה עָשִׁיר. מִפְּנֵי שֶׁאַתָּה
נִפְרָד מֵהָעֹשֶׁר:

11. Deem thyself poor, though thou art rich,
for thou wilt once be separated from riches.

יב. בְּנִי אַל תַּעֲמֹד לִפְנֵי הַמֶּלֶךְ כְּשֶׁהוּא כּוֹעֵס. וְלֹא בִּפְנֵי הַנָּהָר
כְּשֶׁהוּא שׁוֹטֵף:

12. Stand not before the king, when he is in
anger, nor before a river when it is
overflowing.

יג. בְּנִי אַל תִּגְזֹר דָּבָר עַד שֶׁתִּוָּעֵץ אֶת מִי שֶׁיְיַשֵּׁר אוֹתְךָ. בְּנִי
יְרָא מֵרְעִי בְּנֵי אָדָם וְהִזָּהֵר מִטּוּבֵיהֶם:

13. Decide not without mature and
trustworthy counsel, dread the wicked or, be
mindful not to forfeit the regard of the good.
and be wary of their favours.

יד. בְּנִי שָׂם קִנְיָנֶךָ בְּעוֹלָמְךָ אִשָּׁה טוֹבָה וְחָבֵר טוֹב. תָּנוּחַ אֶל
הָאִשָּׁה בְּבָאךָ וְאֶל הֶחָבֵר בְּצֵאתְךָ:

14. My son, seek to acquire a good wife and
a kind friend, the one brings thee tranquillity
within, and the other without.

טו. בְּנִי אֵין עֹשֶׁר כִּבְרִיאוּת. וְלֹא נְעִימוֹת כְּלֵב טוֹב:

15. There are no greater riches than health,
no greater pleasure than a cheerful heart.

טז. וְאָמַר מִי שֶׁקָּפַץ יָדוֹ מֵהַדַּלִּים יַשְׁלִיט הָאֱלֹהִים הַמְּלָכִים
בְּמָמוֹנוֹ:

16.　God gives to despots power over the wealth of those whose hands are shut against the poor.

יז. וְאָמַר הַנְּדִיבוּת הַהַרְגָּשָׁה. הַטּוֹבָה עִם קַבָּלָה הַתַּעֲלוּמוֹת:

17.　Magnanimity may be defined, as the due appreciation of benevolent sentiments, combined with a submission to the hidden decrees of Providence, or, not to betray intrusted secrets. secrecy in the performance of good action.

יח. וְאָמַר הָעִנְיָנִים שְׁלֹשָׁה. עִנְיָן שֶׁטּוֹבָתוֹ נִרְאֶה. דָּבק בּוֹ עִנְיָן שֶׁרָעָתוֹ נִרְאַת. סוּר מִמֶּנּוּ. וְעִנְיָן שֶׁיֵּשׁ בּוֹ סָפֵק. הַשְׁלֵךְ עַל ה' יְהָבְךָ:

18.　Human affairs may be considered from three points of view - **1st**. Such as are obviously good. **2nd**. Such as are overtly bad. **3rd**. Such as are doubtful. Adhere to the first, dismiss the second, and in the third cast thy burthen on God.

יט. וְאָמַר אַל תִּרְבּוּ לְדַבֵּר מִבְּלִי זֵכֶר הָאֱלֹהִים פֶּן יִקְשֶׁה לְבַבְכֶם. כִּי הַלֵּב הַקָּשֶׁה רָחוֹק מֵאֱלֹהִים:

19.　The sage saith, exclude not wholly the name of God from thy speech, lest thine heart become obdurate, for the obdurate heart is distant from God.

כ. וְאֶל תַּבִּיטוּ בְּחֲטָאֵי בְּנֵי הָאָדָם מִפְּנֵי שֶׁאַתֶּם גְּדוֹלִים וְתִשְׁכְּחוּ חֲטָאֵיכֶם:

20.　Censure not the faults of others on the

assumption of superiority, lest you be unmindful of your own faults.

כא. וְאָמַר מִי שֶׁנָּקָה מִן הַשְּׁלֹשָׁה לֹא יֶחְסַר שְׁלֹשָׁה. מִי שֶׁנָּקָה מִן הַכַּעַס. יַגִּיעַ אֶל הַיָּקָר. וּמִי שֶׁנָּקָה מִן הָעֲבֵרוֹת יַגִּיעַ אֶל הַכָּבוֹד. וּמִי שֶׁנָּקָה מִן הַכִּלּוֹת יַגִּיעַ אֶל הַגְּדוֹלָה:

21.   The sage was wanting to observe, He who is exempt from the following three errors will never lack three advantages. **1st**. He who is free from anger will obtain esteem. **2nd**. He who is pure from transgressions will gain honour. **3rd**. He who is free from avarice will earn dignity.

כב. וְאָמַר כְּפִירַת הַטּוֹבָה נְבָלָה. וְחֶבְרַת הַכְּסִיל רָעָה חוֹלָה:

22.   Ingratitude is wickedness, and the society of the ignorant a sore disease.

כג. וְאָמַר לֹא נוֹקַשׁ אָדָם שֶׁהִכִּיר מַעֲלָתוֹ וְעֶרֶךְ עַצְמוֹ. וְלֹא הִתְחָרֵט מִי שֶׁעָצַם עֵינָיו:

23.   He used to say, He was never ensnared who knew his own position, nor has regret ever followed the closing of the eyes against evil.

כד. וְאָמַר מִדַּת הָאָדָם כְּפִי. מִקְרָאֵי לִבּוֹ וּכְפִי עֲצַת הָאָדָם וְשִׂכְלוֹ תִּהְיֶינָה מִדּוֹתָיו:

24.   The morals of man depend on the dictates of his heart, hence his demeanour and disposition are formed by his counsel and intellect. The characteristics of man are the reflex of his heart, hence they are recognized by his counsel and intellect.

כה. וְאָמַר מִי שֶׁחָשַׁב טוֹב עַל בְּנֵי אָדָם אֵינוֹ מֵבִין עִנְיְנֵי הַזְּמַן:

25. He who overrates the worth of mankind has an erroneous conception of the world.

כו. וְאָמַר מִי שֶׁהִתְעַצֵּל לֹא יַגִּיעַ אֶל הָרְפוּאָה:

26. The neglectful is past remedy.

כז. וְאָמַר לֹא תִּשְׁלַם חָכְמַת הָאָדָם עַד שֶׁיְּהֵא מֻקְדָּם בִּשְׁלָשָׁה. מְאֻחָר בִּשְׁלָשָׁה. נָקִי מִשְּׁלָשָׁה. סוֹמֵךְ עַל שְׁלָשָׁה. הַשְּׁלָשָׁה הַמֻּקְדָּמוֹת הַשֵּׂכֶל וְהָעֲנָוָה וְהַדָּבוּר. וְהַמְּאֻחָרוֹת הַחֹנֶף וְהַמְּהִירוּת וַעֲזִיבַת הַמּוֹעֵצָה. וְהַשְּׁלָשָׁה שֶׁיְּהֵא נָקִי מֵהֶם. הַחֶמְדָּה וְהַחֵשֶׁק וְהַכָּזָב. כִּי מִי שֶׁיַּחְמֹד יֶאֱרֹב. וּמִי שֶׁחָשַׁק תּוֹעֶה. וּדְבָרֵי. רוּחַ וְכָזָב מָה יוֹעִילוּ כִּי אַף עַל הָאֱמֶת יֵחָשֵׁד. וְהַשְּׁלָשָׁה שֶׁיִּסָמֹךְ עֲלֵיהֶם. הַמָּתוּן וְהַשְּׁתִיקָה וְהַסֵּבֶל:

27. Wisdom can never be termed perfect in man, unless attended by intellect, meekness, and reverence for God, unless it rejects flattery, forwardness, and pertinacity, and is exempt from covetousness, lust, and falsehood, for he who covets will also lie in wait, and he who is addicted to lust is sure to err, and the liar will forfeit all faith and ever incur suspicion, and, lastly, it must be based on clemency, silence, and deliberation.

כח. וְאָמַר מִי שֶׁיּוּכַל לִמְנֹעַ עַצְמוֹ מֵאַרְבַּע. נִצַּל מֵאַרְבַּע. נִמְנָע מֵאַרְבַּע. הַמְּהִירוּת וְהָעִקְשׁוּת. וְהַגַּאֲנָה. וְהָעַצְלוּת. כִּי פְּרִי הַמְּהִירוּת חֲרָטָה. וּפְרִי הָעִקְשׁוּת הָעַזּוּת. וּפְרִי הַגַּאֲנָה הַשִּׂנְאָה. וּפְרִי הָעַצְלוּת הַכִּשָּׁלוֹן:

28. The sage observes, He who avoids rashness, perverseness, and indolence will escape their four evil consequences, for the result of rashness is regret, that of perverseness audacity, the end of pride hatred, and that of indolence ruin.

כט. מִי שֶׁמְּתַקֵּן אֶת סִתְרוֹ. יְתַקֵּן הַקָּדוֹשׁ בָּרוּךְ הוּא גְּלוּיוֹ. וּמִי שֶׁמְּתַקֵּן עִנְיְנֵי אַחֲרִיתוֹ. יְתַקֵּן הַבּוֹרֵא עוֹלָמוֹ וְאַחֲרִיתוֹ. וּמִי שֶׁמְּתַקֵּן מָה שֶׁבֵּינוֹ לְבֵין הַבּוֹרֵא. יְתַקֵּן הַבּוֹרֵא מָה שֶׁבֵּינוֹ וּבֵין בְּנֵי אָדָם:

29. God will raise the renown of him who purifies his heart from secret errors, and establish the temporal and spiritual happiness of him who is solicitous for his own future welfare, and he who seeks to be reconciled to God, will by the help of his Maker be reconciled to his fellow-men.

ל. וְאָמַר שְׁלֹשָׁה דְּבָרִים אֵין מַרְגִּישִׁין עִמָּהֶם בָּגֶרֶת. הַמּוּסָר הַטּוֹב. וְהִתְרַחֵק מִן הַהֶזֵּק. וְסוּר מִן הָעֲבֵרוֹת:

30. The sage observes, the practice of the following three things will never weary - According to another reading, Will never be ascribed to sinister motives - 1st. Good morals. 2nd. The avoidance of inflicting injury. 3rd. To keep from transgression.

לא. וְאָמַר הֶחָכָם לִבְנוֹ. בְּנִי הָכֵן כַּסְפְּךָ וּמַחְתָּךְ וְתוֹרָתְךָ לְיוֹם מוֹעֵדְךָ:

31. The sage addressed his son - My son, reserve thy coin for charity, thy provision to feed the hungry, and thy knowledge of the law for the appointed day.

לב. וְאָמַר יְרָא מִיְשִׁיבַת הַכְּסִיל. כַּאֲשֶׁר תִּבְטַח בִּישִׁיבַת הַדַּעְתָּן:

32. As thou should dread the society of the simpleton, so thou mayest rest secure in that of the wise.

לג. וְאָמַר מִי שֶׁהוּא סוֹבֵל חֶבְרַת הַכַּזְבָן הוּא רַע מִמֶּנּוּ. וְהָרֶשַׁע אֵינוֹ שָׂם עַל לִבּוֹ עַל מָה שֶׁיְדַבֵּר. וְהַיָּרֵא אֵינוֹ פּוֹקֵד אֶת דְּבָרָיו:

33. He who tolerates the society of the liar is worse than he, for his words are unquestioned by the godless, but the god-fearing will ponder on them.

לד. וְאָמַר מִי שֶׁמְּשַׁמֵּר עַצְמוֹ מֵהַכָּזָב מוֹשֵׁל בִּלְשׁוֹנוֹ וְיִמְעַט חָטְאוּ:

34. He who shuns falsehood will control his tongue and diminish his failings.

לה. כַּאֲשֶׁר יְשַׁבְּחוּךְ בְּנֵי אָדָם בְּמָה שֶׁאֵין בָּךְ. דָּאַג וְאַל תִּשְׂמָח:

35. Undeserved encomiums should produce sorrow rather than joy.

לו. וְאָמְרוּ מִי שֶׁהִתְרַחֵק מֵהַחוֹטְאִים נַצֵּל מֵהַמּוּמִים:

36. He who shuns sinners will escape degradation.

לז. וְאָמַר טוֹב רָחוֹק נֶאֱמָן. מִקָּרוֹב מִרְמָה:

37. A trustworthy stranger is preferable to a deceitful relative.

לח. וְאָמַר הַהֶרְגֵּל עַל כָּל דְּבַר שִׁלְטוֹן. וְאֵין הִתְחַבֵּר לִנְכוֹנָה כִּשְׁאֵלַת הָעֵצָה. וְלֹא הִתְמַדְתָּ הַטּוֹבוֹת בִּדְבַר כְּהַעֲנָקָה:

38. Habit governs all things, sound conclusion can be attained only by consultation, and happiness perpetuated by kindness seasonably performed.

לט. מִי שֶׁגִּנָּה עִנְיָן עַצְמוֹ בְּגָלוּי יְשַׁבְּחוּ לוֹ בַּסֵּתֶר. וּמִי שֶׁהֶרְאָה מוּם בְּנַפְשׁוֹ כְּבָר שְׁכָחָה:

39. The public avowal of error will ensure praise in private, and he who conceals not his faults will consign them to oblivion.

מ. וְאָמַר כְּשֶׁתִּרְאֶה אָדָם מְסַפֵּר בְּךָ טוֹבָה שֶׁאֵין בָּךְ. אַל תִּבְטַח בּוֹ:

40. Be certain, that he who attributes to thee merit that is not thine is unworthy of reliance.

מא. וּכְשֶׁתִּרְאֶה שְׁנֵי בְּנֵי אָדָם מִתְחַבְּרִים שֶׁלֹּא לְשֵׁם שָׁמַיִם סוֹפָם לְהִתְפָּרֵד שֶׁלֹּא לְשֵׁם שָׁמַיִם:

41. An ungodly meeting is sure to result in an ungodly separation.

מב. וְאָמַר. דִּין הַכְּסִיל שֶׁהוּא מְשַׁבֵּחַ לְהֶפֶךְ מָה שֶׁיּוֹדֵעַ הַמְשֻׁבָּח מֵעַצְמוֹ:

42. The simpleton is wont to bestow praise where censure is obviously due.

מג. וְאָמַר מִי שֶׁהָיוּ בּוֹ שְׁלֹשָׁה דְבָרִים כְּבָר נִשְׁלְמָה אֱמוּנָתוֹ. כְּשֶׁהוּא רוֹצֶה אֵין רְצוֹנוֹ מוֹצִיא אוֹתוֹ אֶל הַשֶּׁקֶר. וּכְשֶׁהוּא כּוֹעֵס אֵין כַּעֲסוֹ מוֹצִיא אוֹתוֹ מִן הָאֱמֶת. וּכְשֶׁהוּא יָכוֹל אֵינוֹ שׁוֹלֵחַ יָד בְּמָה שֶׁאֵינוֹ שֶׁלּוֹ:

43. He who possesses the following three qualities may be said to be fully entitled to the claim to truthfulness - **1st.** That temptation will never lead him to falsehood. **2nd.** That anger will not prompt him to prevaricate. **3rd.** That power will never induce him to lay hand on that which is not his.

מד. וְאָמַר שְׁנֵי דְבָרִים לֹא יִתְחַבְּרוּ. הַנֶּפֶשׁ הַטּוֹב וְהַכִּלּוֹת וְהַדַּלּוֹת:

44. These two are essentially incompatible, - an easy mind and avarice.

מה. וְאָמַר. שִׁשָּׁה אֵין נִמְלָטִין מִן הַדְּאָגָה. עָשִׁיר שֶׁנּוֹרָשׁ. וְעָשִׁיר שֶׁמְּפַחֵד עַל מָמוֹנוֹ. וְהַנּוֹטֵר. וְהַחוֹמֵד. וּמִי שֶׁמְּבַקֵּשׁ חָכְמָה שֶׁאֵינָה רְאוּיָה. וּמִי שֶׁמִּתְחַבֵּר עִם אַנְשֵׁי הַמּוּסָר מִבַּלְעֲדֵי מוּסָר:

45. The following six cannot escape vexation - **1st.** The wealthy reduced to poverty. **2nd.** The affluent anxious for his wealth. **3rd.** The vindictive. **4th.** The covetous. **5th.** The aspirant to unmerited rank. **6th.** The immoral in companionship with moral men.

מו. וְאָמַר שְׁלֹשָׁה דְבָרִים רָאוּי לַחֲמֹל עֲלֵיהֶם מִכָּל אָדָם. דַּעְתָּן שֶׁמַּנְהִיג אוֹתוֹ מְשֻׁגָּע. וְצַדִּיק שֶׁמּוֹשֵׁל בּוֹ רָשָׁע. וְנָדִיב שֶׁהוּא צָרִיךְ לְנָבָל.

46. Three persons claim our utmost compassion - **1st.** The learned controlled by the infatuated Eccentric. **2nd.** The righteous ruled by the wicked. **3rd.** and the noble-minded dependent on the worthless.

134

מז. וְאָמַר שֶׁאָדָם תָּפַס אֶת חֲבֵרוֹ בַּקָּהָל. אָמַר לוֹ הֲגָעֲנִי כִּי דִּבַּרְתָּ בִּגְנוּתִי. וְאָמַר לוֹ חֶבְרַת הָרָעִים מְבִיאָה לַחֲשֹׁב רַע עַל הַטּוֹבִים.

47. It was related of one who publicly remonstrated with his friend, exclaiming, I was told thou didst make me the object of thy slander. Alas, replied the other, that the association with the wicked should occasion the calumniation of the virtuous.

מח. וְאָמַר שְׁלֹשָׁה אֵינָם נוֹדָעִים אֶלָּא בִּשְׁלֹשָׁה דְּבָרִים. הֶעָנָו בְּעֵת שֶׁכּוֹעֵס. וְהַגִּבּוֹר בַּמִּלְחָמָה. וְהָאוֹהֵב בְּעֵת הַצֹּרֶךְ עָלָיו:

48. Three characters can best be judged by three tests - **1st**. The meek in anger. **2nd**. The hero in battle. **3rd**. The friend in need.

מט. וְאָמַר עַל מֶלֶךְ אֶחָד שֶׁהָרַג אֶחָד מִשָּׂרָיו. וּמָצָא כָּתוּב בַּחֲגוֹרָתוֹ אִם הַגְּזֵרָה אֱמֶת. הַחֲרִיצוּת שֶׁקֶר. וְאִם הַבֶּגֶד בַּטֶּבַע. הַבִּטָּחוֹן בְּבִלְתִּי אַנְשֵׁי הָאֱמוּנָה עֲצֵלָה. וְאִם הַמָּוֶת אוֹרֵב לִבְנֵי אָדָם. הַבְטָחָה בָּעוֹלָם שִׁגָּעוֹן:

49. There was a king who commanded the execution of one of his ministers, on whose girdle was the following inscription - Since the decree of God is irrevocable, the efforts of men are vain, since treachery is inherent in nature, reliance on untried friends is idle, and since death waylays mankind, the trust in this world is mere madness. In the original the sentence is in the conditional.

נ. וְאָמַר אֵין רָשׁ וְרָעֵב כַּחֲרִיצוּת וְרִעֲבוֹן הַנֶּפֶשׁ. וְאֵין עֹשֶׁר כְּרָצוֹן וְהַהִסְתַּפְּקוּת. וְאֵין שֵׂכֶל כְּמוֹ הַהַנְהָגָה הַטּוֹבָה. וְאֵין

חֲסִידוּת כְּיִרְאָה. וְלֹא יֹפִי כְּדַעַת נוֹחָה:

50. The sage observes, Poverty and hunger are more endurable than over-exertion caused by the cravings of an insatiable disposition, no wealth can surpass contentment, no intellect is equivalent to good demeanour, and no charms can be compared to an affable mind.

נא. וְאָמַר אַל תָּשִׁיב אֶל הַכְּסִיל בְּטָעוּתוֹ כִּי אִם תְּלַמְּדֶנּוּ חָכְמָה. יִשְׂנָאֶךָ:

51. Answer not the fool in his error, for thine attempt to instruct him will rouse his hatred.

נב. וְאָמַר אֲנִי יָרֵא מֵחֲמוֹס מִי שֶׁאֵינוֹ מוֹצִיא עָלָיו עוֹזֵר זוּלָתִי הָאֱלֹהִים:

52. I dread to wrong those, said the sage, whose sole advocate is God.

נג. וְאָמַר הַחֵל נַפְשְׁךָ לְמוֹנְעָהּ מִתָּעוּתָהּ. וְכַאֲשֶׁר תִּמָּנַע תִּקָּרֵא חָכָם. וְתִהְיֶה תּוֹכַחְתְּךָ נִשְׁמַעַת. אִם תּוֹכִיחַ יִשְׁמְעוּ בְּנֵי אָדָם דְּבָרֶיךָ וְיִלְמְדוּ מִמַּעֲשֶׂיךָ:

53. Inure thy soul to shun error, thus shalt thou be termed wise, thine instruction will be obeyed, mankind will imitate thee, and profit by thine example.

נד. וְאָמַר כְּשֶׁיִּתְקַבְּצוּ לְאָדָם הַיִּרְאָה וְהַצֶּדֶק אֵין מַזִּיק לוֹ הַחִסָּרוֹן:

54. He is invulnerable to all mundane privation, in whom are combined piety and rectitude.

פֶּרֶק מד   Chapter 44

א. אָמַר הֶחָכָם מַזְּלוֹת הָעוֹלָם הַזֶּה עַל הַבּוֹרֵא שֶׁאֵין מְמָרִין אוֹתוֹ כִּי אִם בּוֹ וְאֵין מַגִּיעִין מָה שֶׁיֵּשׁ אֵצֶל הַבּוֹרֵא כִּי אִם בְּהַנָּחָתוֹ:

1. The sage observes, Man should relinquish the allurements of this world for the love of God, for they incite man to rebel, and their abandonment alone brings man nearer to his Creator.

ב. וְאָמַר אֵין מְבַקְשִׁין הָעוֹלָם אֶלָּא לְעֹשֶׁר וְלִמְנוּחָה וּלְכָבוֹד. וּמְבַקֵּשׁ הָעוֹלָם לֹא יַגִּיעַ אֵלָיו. וְהַפּוֹרֵשׁ מִמֶּנּוּ יִהְיֶה יָקָר בַּעֲזִיבַת הַבַּקָּשָׁה מִבְּנֵי אָדָם. וְעָשִׁיר בְּשִׂמְחָתוֹ בְּחֶלְקוֹ. וּמֵנִיחַ בְּגוּפוֹ. בְּהוֹצָאוֹת הָעוֹלָם מִלִּבּוֹ וּמַגִּיעַ לְבַקָּשָׁתוֹ בְּלֹא טוֹרַח וּבְלֹא עָמָל:

2. Man's chief aim in this world is the acquisition of riches, pleasure, and honour, but ardently as he may pursue them, they will elude his grasp, whilst he who abjures them and needs not the help of mortals will be esteemed, he is rich, for he rejoices in his lot, he enjoys tranquillity, for he has banished worldly care, and he attains his desire without anxiety and exertion.

ג. וְאָמַר אֵין רָאוּי לְחָכָם שֶׁיִּשְׂמַח עַל רֹב הַמָּמוֹן וְלֹא שֶׁיִּתְאַבֵּל עַל מֵעֲטוֹ. אֲבָל רָאוּי לוֹ שֶׁיִּשְׂמַח בְּשִׂכְלוֹ וּבְמָה שֶׁקָּדַם מִמַּעֲשָׂיהוּ הַטּוֹב. מִפְּנֵי שֶׁהוּא בָטוּחַ שֶׁאֵין שׁוֹלְלִים אוֹתוֹ מָה שֶׁכְּבָר קֶדֶם וְאֵין נִתְפָּס עַל זוּלָתוֹ:

3. The wise man rejoices not in his abundant in the original the sentence is in the conditional. wealth, nor sorrows at his humble lot, but he will exult in his intellect and in his former good deeds, of which none can deprive him, nor will he ever be held amenable for any omission. Or, nor will his conduct make him responsible for the deeds of another, viz., caused by his example.

ד. וְאָמַר בְּקַשׁ מָה שֶׁאַתָּה צָרִיךְ לוֹ. וַעֲזוֹב מָה שֶׁאֵין אַתָּה צָרִיךְ לוֹ. כִּי בַּעֲזִיבַת מָה שֶׁאֵין אַתָּה צָדֵךְ לוֹ. תַּשִּׂיג מָה שֶׁאַתָּה צָרִיךְ לוֹ:

4. The sage was wont to say, seek after that which thou needest, and abandon that which thou needest not, for in abandoning that which thou needest not, thou art sure to gain that which thou needest.

ה. וְאָמַר מִי שֶׁאוֹהֵב חַיִּים יְהִי שָׁפֵל:

5. He who loves life must practise meekness.

ו. וְאָמַר זְכוֹר עִם כָּל טוֹבָה סוּרָה. וְעִם כָּל צָרָה הַתִּקְוָה לֵאלֹהִים שֶׁיַּעֲבִירֶנָּה. כִּי בָּזֶה תַּתְמִיד הַטּוֹבָה וּתְנַצֵּל מִן הַחֵטְא:

6. O that man, exclaimed the sage, would in prosperity reflect on reverses, and in sorrow on hope, he would perpetuate happiness and escape sin.

ז. וְאָמַר מִי שֶׁאֵינוֹ רוֹצֶה בַּגְּזֵרוֹת הַבּוֹרֵא נַפְשׁוֹ דּוֹאֶבֶת עַל

הָעוֹלָם. וּמִי שֶׁאֵינוֹ רוֹאֶה שֶׁיֵּשׁ לַבּוֹרֵא עָלָיו טוֹבָה אֶלָּא
בְּמָזוֹן וּכְסוּת הוּא בַּעַר. וּמִי שֶׁמַּבִּיט אֶל מָה שֶׁיֵּשׁ בְּיַד זוּלָתוֹ
מַאֲרִיךְ דַּאֲגָתוֹ. וְאֵין מַעֲלָה לְכַעֲסוֹ אֲרֻכָּה:

7. He who is not resigned to the decrees of the Creator will be discontented with the course of this world, he who would reduce God's mercy to the mere relief of physical necessities displays gross ignorance, and he who envies the possession of another prolongs his own grief, and his morbid Ness is past cure.

ח. וְאָמַר מָה יִתְרוֹן הָרָשׁ עַל הָעָשָׁר. כִּי אֵינְךָ רוֹאֶה אָדָם
שֶׁמִּמָּרָה הַבּוֹרֵא לְהִתְרוֹשֵׁשׁ אַךְ לְהַעֲשִׁיר:

8. How superior, exclaimed the sage, is poverty to riches! for, said he, never did the desire for poverty lead man to rebel, whilst the craving after riches often tempts him to do so.

ט. וְאָמַר אֵין הָאָדָם הוֹמֶה עַל הָעוֹלָם עַד שֶׁתִּדְבַּק נַפְשׁוֹ
בְּאַרְבַּע מִדּוֹת. רָשׁ שֶׁאֵינוֹ מַגִּיעַ לְהַעֲשִׁיר. וּדְאָגָה שֶׁאֵין לָהּ
סוֹף. וְטָרְדָה שֶׁלֹּא יַפְנֶה מִמֶּנָּה. וּמְאַיָּם אֲשֶׁר אֵין לָהֶם תַּכְלִית:

9. Dissatisfaction at the vicissitudes of life arises chiefly from the following four tendencies - **1st**. The poor in vain pursuit after riches. **2nd**. Endless care. **3rd**. Overwhelming anxiety. **4th**. Wishes unfulfilled.

י. וְאָמַר מִי שֶׁיְּקָרֶה נַפְשׁוֹ בְּעֵינָיו קָטָן הָעוֹלָם בְּעֵינָיו:

10. He who duly values his own dignity will hold the world in little estimation.

יא. וְאָמַר אֵיזֶה הַיָּקָר מִבְּנֵי אָדָם. מִי שֶׁאֵינוֹ מַשְׁגִּיחַ הָעוֹלָם

בְּיָד מִי שֶׁיִּהְיֶה:

11. Who is the most dignified amongst men, He who can behold without envy the worldly possessions of another.

יב. וְאָמַר מִי שֶׁיֵּיטִיב הַחַיִּים וְיִדְחֶה הָאֵבֶל. שֶׁיֵּדַע הָאָדָם עֶרֶךְ הָעוֹלָם אֵצֶל עַצְמוֹ וְעֶרֶךְ עַצְמוֹ אֵצֶל הָעוֹלָם. שֶׁכְּבָר נֶאֱמַר כִּי מִי שֶׁיָּקֵל אוֹתוֹ יְכַבְּדֶנּוּ וּמִי שֶׁיְּכַבְּדֶנּוּ יָקֵל אוֹתוֹ מִפְּנֵי שֶׁאַחֲרִית עָשְׁרוֹ רָשׁ. וְסוֹף גְּדֻלָּתוֹ שְׁפָלוּת. וְעֵקֶב שְׁלֹותוֹ מִדְוֶה:

12. To the question, what lends a charm to life and banishes sadness, the sage replied, A due estimation of the duties we owe to the world, and of those which the world owes to us, as the adage says, the world honours him most who disregards its vanities, and slights him who courts them, for the end of riches may be poverty, the result of rank degradation, and the consequences of ease disease.

יג. וְהָאָדָם בּוֹ כְּמוֹ פְּרִי הָאִילָן. אִם לֹא יִפָּסֵד בְּאֶחָד מִן הַפְּגָעִים. כַּאֲשֶׁר יִכָּשֵׁל יִבּוֹל:

13. Man resembles the fruit of the tree, which though it escapes injury during its growth, yet must decay at maturity.

יד. וְהוּא עוֹד כְּמוֹ שֶׁסְּבָבוּהוּ חַיּוֹת רָעוֹת וּפָגַע הָאוֹיְבִים בְּכָל מוֹצָא וּמָבוֹא שֶׁאִם יִנָּצֵל מִקְּצָתָם יִטְרְפוּהוּ קְצָתָם. וּמִי שֶׁהוּא יוֹדֵעַ הָעוֹלָם הַיְדִיעָה הַזֹּאת לֹא יִשְׂמַח לְטוּבוֹ. וְלֹא יִדְאַג לְרָעָתוֹ. כַּאֲשֶׁר אָמַר הֶחָכָם הָעוֹלָם הַזֶּה רַבּוּ בּוֹ כַּמָּה יְגוֹנִים וּמַה שֶׁהָיָה מִשְּׂשׂוֹן הוּא רוּחַ:

14. Man can likewise be compared to one

encompassed by ferocious animals and lurking enemies, and though he may elude some, he cannot escape all, he who views the world thus will not be elated at the happiness it confers, nor dejected by the mishaps it inflicts, as the sage observes, this world is fraught with grief, and its few joys should be regarded as gain unlooked for.

טו. וְאָמַר אֵיזֶהוּ נָדִיב. מִי שֶׁהִתְנַדֵּב בְּעוֹלָמוֹ לְתַקֵּן אַחֲרִיתוֹ:

15. Who may be deemed truly pious, He who willingly resigns mundane advantages, in the hope of future felicity.

טז. וְאָמַר חָשׁוּב לְעוֹלָמְךָ כְּאֵלּוּ תִּחְיֶה לְעוֹלָם. וּלְאַחֲרִיתְךָ כְּאֵלּוּ תָּמוּת לְמָחָר:

16. He was wont to observe, regard this world, as though thou wert destined to live forever, and the world to come as though thou wert to die to-morrow.

יז. וְאָמַר אֵין בַּמִּדּוֹת הַטּוֹבוֹת כִּשְׁתַּיִם. יְגִיעָה לְלֹא עוֹלָם. וְשִׁפְלוּת לְלֹא זָלּוּת:

17. The following two good qualities are unsurpassable, labour whose object is not of this world, and condescension without meanness.

יח. וְאָמַר הַגְּדוּלָה עִם הַשְּׁפָלוּת. וְהַכָּבוֹד עִם הַיִּרְאָה. וְהָעֹשֶׁר עִם הַהִסְתַּפְּקוּת.

18. Humility leads to dignity, piety is often crowned with honour, and contentment with riches.

יט. וְאָמַר הֶחָכָם לַחֲבֵרָיו יְהִי הַמָּוֶת נָקֵל בְּעֵינֵיכֶם כִּי מָרָתוֹ
בְּיִרְאָתוֹ:

19. The sage thus addressed his friends, look upon death with indifference, for its bitterness is commensurate with its fear.

כ. וְאָמַר רְפָאוֹת הַנֶּפֶשׁ הָאֱמֶת וְהַצֶּדֶק. וְנִזְקָהּ הַשָּׂגַת הַתַּאֲוֹת
הַבַּהֲמִיּוּת:

20. Truth and justice are balm to the soul, and the indulgence in sensuality its bane.

כא. וְאָמַר מוֹתוֹ בְּרָצוֹן. תִּחְיוּ בַּטֶּבַע:

21. He was wont to teach, be prepared to die with resignation, so shalt thou enjoy life undisturbedly.

כב. וְאָמַר הַמָּוֶת שְׁתֵּי מִיתוֹת. מִיתָה רְצוֹנִית. וּמִיתָה טִבְעִית.
וּמִי שֶׁמֵּמִית עַצְמוֹ מִיתַת רָצוֹן. תִּהְיֶה מִיתָתוֹ הַטִּבְעִית חַיִּים
לוֹ:

22. Man may approach his end resignedly or reluctantly, but he who deadens his passions renders his death everlasting life.

כג. וְאָמַר מִי שֶׁאוֹהֵב נַפְשׁוֹ יְמִיתֶנָּה מִיתַת רָצוֹן:

23. He who would benefit his soul must be indifferent to transient possessions.

כד. וְאָמַר מִי שֶׁאוֹהֵב אֶת הַקִּנְיָנִים מְקוֹר הָאֵבֶל. תַּמְעִיטוּ
קִנְיָנֵיכֶם וְתַמְעִיט דַּאֲגַתְכֶם:

24. The love of worldly possessions is a

source of grief, lesson the one, and thou wilt diminish the other.

כה. וְאָמַר טוֹב שֶׁתִּכְאַב נַפְשְׁךָ לְאַנְשֵׁי הַצָּרוֹת מִשֶּׁתִּשְׂמַח בְּאַנְשֵׁי הַנְּעִימוּת:

25.   It is preferable to sympathize with the unhappy, then to rejoice with the mirthful.

כו. וְאָמַר דְּמִיתִי הָאָדָם בְּבַקָּשַׁת הָעוֹלָם כְּצָמָא שֶׁהִגִּיעַ לְמַיִם מְלוּחִים כָּל אֲשֶׁר יִשְׁתֶּה מֵהֶם יוֹסִיף צָמָאוּ:

26.   Man in pursuit of worldly gain may be compared to a thirsty man within reach of briny waters, the more he drinks, the more is his thirst increased.

כז. וְאָמַר דּוֹמֶה הָאָדָם בְּבַקָּשַׁת הָעוֹלָם לְכֶלֶב רָעֵב שֶׁמָּצָא עֶצֶם וּלְעַס אוֹתוֹ. וּמֵרֹב לָעֱסוֹ יָצָא הַדָּם מִפִּיו וְהוּא מוֹצֵץ הַדָּם וְחוֹשֵׁב כִּי הוּא מִן הָעֶצֶם וְהוּא מִדָּמוֹ. וּבֵן הָאָדָם בְּעוֹד שֶׁהוּא מִתְעַסֵּק בְּעוֹלָמוֹ בְּבִלְתִּי עֲבוֹדַת הָאֱלֹהִים הוּא חוֹשֵׁב כִּי הוּא קוֹנֶה וְהוּא מַפְסִיד מִפְּנֵי שֶׁהוּא נִתְבַּע עַל מַעֲשֵׂהוּ:

27.   Man may also be compared to a famished dog, gnawing a dry bone, until the blood streams from its month, whilst, under the false impression of imbibing nourishment, it greedily licks its own blood. Thus, it is with man engaged solely with worldly pursuits, and regardless of the service of his Creator, believing himself a gainer, whilst he is really a loser, for man is responsible for his deed's hereafter.

כח. וְאָמַר מִי שֶׁלֹּא דָּאַג עַל מָה שֶׁלֹּא הִגִּיעַ לְיָדוֹ נָחָה נַפְשׁוֹ

וְזֶה שִׂכְלוֹ וְיַאֲרִיכוּ יָמָיו:

28. He who pines not after that which he failed to obtain insures a tranquil life, an undisturbed intellect, and long days.

כט. וְאָמַר תְּחִלַּת מִקְרָאִי הָאֵבֶל. אַהֲבַת הָעוֹלָם הַזֶּה:

29. Our principal griefs result from love of this world.

ל. וְאָמַר מִי שֶׁמִּתְאַבֵּל עַל הָעוֹלָם הִתְקַצֵּף עַל אֱלֹהָיו:

30. To repine at the events of life, is to rebel against God.

לא. וְאָמַר שֶׁאָדָם אֶחָד אָמַר לְחָכָם צְנֵי הוֹרֵנִי. אָמַר אַל תְּהִי שָׂמֵחַ בְּמָה שֶׁהִגַּעְךָ מִן הָעוֹלָם. וְאַל תִּדְאַג עַל מָה שֶׁלֹּא הִגִּיעַ לְךָ מִמֶּנּוּ. וְהָיָה שָׂמֵחַ בְּמָה שֶׁהִקְדַּמְתָּ וְדָאַג עַל מָה שֶׁהִנַּחַתָּ. וּפַחַד מִמָּה שֶׁאַחַר הַמָּוֶת:

31. The sage was once requested to impart a salutary lesson, to which he replied, be not elated at that which the world bestows, nor dejected at that which it denies, but exult at that which thou hast well performed, and regret that which thou hast neglected, and fear a hereafter.

לב. וְאָמַר שִׂים הַחֲרָטָה מִדַּעְתְּךָ הַגִּיעַ אֶל הַשִּׂמְחָה בְּאַחֲרִיתְךָ:

32. He observed, Let the dread of repentance be thy beacon, and thou wilt attain felicity at thine end.

לג. וְאָמַר אֵיזֶהוּ הַמַּצְלִיחַ בִּסְחוֹרָתוֹ. אָמַר זֶה הַמְּכָר הַכַּלָּה וְקוֹנֶה הַקַּיָּם:

33. Who may be termed most prosperous in

his dealings, He who barters the perishable for the everlasting.

לד. וְאָמַר מִמּוּמֵי הָעוֹלָם שֶׁאֵינוֹ נוֹתֵן לְשׁוּם אָדָם מָה שֶׁרָאוּי לוֹ אוֹ שֶׁיּוֹסִיף לוֹ אוֹ יִגְרַע:

34. It is a defect peculiar to this world, that it grants to none his deserts, being either too lavish or too niggard.

לה. וְאָמַר מִי שֶׁמִּתְחַכֵּם לְדַבֵּר עָבְרָה יְהִי רָחוֹק מִתַּאֲוָתוֹ וְקָרוֹב אֶל מְגוּרָתוֹ:

35. The machinations of the evil-doer will end in defeat, and expose him to peril.

לו. וְאָמַר מִי שֶׁשָּׂם עֲבוֹדַת הָאֱלֹהִים מִסְחָרוֹ יְבוֹאֵהוּ הָרֶוַח מִבְּלִי קֶרֶן:

36. He who makes the service of God his chief pursuit, will enjoy interest without possessing capital.

לז. הַפְּרִישׁוּת מִן הָעוֹלָם פְּנַאי לְלֵב וּמְנוּחָה לַגּוּף. וְאַהֲבַת עוֹלָם טָרְדַּת הַלֵּב וִיגִיעַת הַגּוּף. וּמִי שֶׁיֵּדַע הָאֵל לֹא יִדְאַג לְחֶסְרוֹן וְלֹא יִשְׁתּוֹמֵם לֹא מִן הַטֶּרֶף וְלֹא מִן בְּנֵי אָדָם:

37. Indifference to this world affords mental ease and corporeal repose, but the allurements of this world produce uneasiness of mind and physical disquietude, and a thorough conviction of God's providence knows no dread of privation, anxiety for sustenance, nor fear of man.

לח. מִי שֶׁשָּׂם דַּאֲגָתוֹ אַחַר הַבּוֹרֵא יַעֲבִיר מִמֶּנּוּ דַּאֲגַת הָעוֹלָם

145

הַזֶּה וְהָעוֹלָם הַבָּא:

38. He who devotes himself to godliness will escape the cares of this world, and the anxieties regarding the future state.

לט. וְאָמַר לְכָל לֵבָב יֵשׁ דָּבָר שֶׁמַּטְרִידוֹ. וְהַטְרָדָה בָּעוֹלָם מְשַׁבֶּרֶת הָעֲצָמוֹת וּמְכַלָּה הַמֹּחַ:

39. The lot of human nature is perturbation, which crushes the bones and consumes the strength.

מ. וְשָׁאֲלוּ לְחָכָם הָאֵיךְ עִנְיָנֶךָ. וְאָמַר אֵיךְ יִהְיֶה עִנְיָן מִי שֶׁהוּא כָּלָה בַּעֲמִידָתוֹ וְנָגוּעַ בִּבְרִיאוּתוֹ וְנִפְגָּע מִצַּד בְּטָחוֹנוֹ:

40. On being asked to state his circumstances, the sage replied, what can be the condition of him whose existence is perishable, whose health is impaired, and who is vulnerable in his imagined security.

מא. וְאָמַר לְחָכָם. פְּלוֹנִי קָנָה הוֹן גָּדוֹל. אָמַר קָנָה יָמִים שֶׁיְּצֵאנוּ בָּהֶם:

41. Being told of one who had acquired abundant wealth, the sage inquired whether he had also acquired days in which to spend it.

מב. וְאָמַר שֶׁמֶּלֶךְ הֹדּוּ נָתַן לְאֶחָד מֵעֲבָדָיו הָעוֹמְדִים עָלָיו כְּתַב אֶחָד וְאָמַר לוֹ כְּשֶׁתִּרְאֶה אוֹתִי כּוֹעֵס הַרְבֵּה תְּנֵהוּ לִי. וְהָיָה כָּתוּב בּוֹ הֵרָפֵּה. כִּי אֵינְךָ אֱלֹהִים אֲבָל אַתָּה גּוּף כָּלָה שֶׁיֹּאכַל קְצָתוֹ אֶת קְצָתוֹ. וְיָשׁוּב רִמָּה וְתוֹלֵעָה וְעָפָר:

42. It is related, that an Indian king gave one of his pages a mandate, with the injunction to present it to him whenever he observed him

under the influence of rage. Its contents were,
Cease, for thou art not a god, but a body
perishable and self-destructive, soon to return
to worms and dust.

מג. וְהָיָה לְמֶלֶךְ שְׁבָא עֶבֶד קָטָן. צִוָּהוּ שֶׁיַּעֲמֹד לְפָנָיו בְּעֵת
שֶׁיְּצַוֶּה לְהַכּוֹת בְּנֵי אָדָם בְּשׁוֹטִים וַיֹּאמֶר לוֹ אֲדוֹנִי הַמֶּלֶךְ זָכוּר
יוֹם הַדִּין:

43. The king of **Sheba** had a dwarf slave
whose presence was desired whenever
malefactors were scourged, on those occasions,
the dwarf was wont to exclaim, My Lord,
remember the day of judgment.

מד. וְאָמַר שֶׁחָכָם אֶחָד מָכַר אֶת קַרְקַע בִּשְׁמוֹנִים אֶלֶף דִּינְרֵי
זָהָב. אָמְרוּ לוֹ וְלָמָּה לֹא תִּקְצֶה מִן הַמָּמוֹן הַזֶּה מַטְמוֹן לְבָנֶיךָ.
אָמַר לוֹ אֲנִי אֲשֶׂמֶנּוּ כֻּלּוֹ מַטְמוֹן לְעַצְמִי אֵצֶל הַבּוֹרֵא וְאָשִׂים
הַבּוֹרֵא מַטְמוֹן לְבָנַי וּנְתָנָם כֻּלָּם לִצְדָקָה:

44. A wise man sold his estates for eighty
thousand gold deniers. Having been asked,
why doest thou not devote the produce to thy
children, he replied, I treasure up my wealth
with my Creator, and appoint God the treasury
for my children, - he had devoted the whole
sum to charity.

מה. וְאָמְרוּ לְחָכָם מֵת פְּלוֹנִי שֶׁהָיָה בְּחֹזֶק בְּרִיאָתוֹ. וְאָמַר
הֲשָׁנוּ בָּרִיא מִי שֶׁהַמָּוֶת תָּלוּי בְּצַוָּארוֹ:

45. The sage having been told of one who
had died in the full vigour of health, replied,
can he be deemed healthy about whose neck
death is pending.

מו. וְאָמַר שֶׁחָכָם רָאָה אָדָם אֶחָד דּוֹאֵג. אָמַר אִם דַּאֲגָתְךָ עַל
הָעוֹלָם הַזֶּה כְּבָר הֵנִיחַ לְךָ אֱלֹהִים מִמֶּנּוּ. וְאִם דַּאֲגָתְךָ עַל
הָעוֹלָם הַבָּא. יוֹסִיף לְךָ הָאֱלֹהִים דְּאָגָה:

46. The sage having observed a man dismayed, addressed him to the following effect. If thine anxiety be of this world only, the Creator has anticipated thy relief, and if thy solicitude be of the world to come, may the Creator increase it.

מז. וְאָמַר כַּאֲשֶׁר יָבִין הַנִּלְבָּב אֶת הָעוֹלָם יִמְצָאֶנּוּ אוֹיֵב
שֶׁלּוֹבֵשׁ כְּסוּת אוֹהֵב:

47. When the world is tested by the man of intellect, it will be found an enemy in the guise of friendship.

מח. וְאָמַר שֶׁחָכָם אֶחָד חָלָה. שָׁאֲלוּ אוֹתוֹ הָאֵיךְ עִנְיָנֶךָ. אָמַר
וּמָה יִהְיֶה עִנְיַן מִי שֶׁרוֹצֶה לָלֶכֶת בְּדֶרֶךְ רְחוֹקָה מִבְּלִי צֵדָה.
וְיָרַד אֶל בּוֹר בַּמִּדְבָּר מִבְּלִי צֶוֶת. וַיָּבֹא לִפְנֵי הַמֶּלֶךְ שֶׁהִקְדִּים
לְהַתְרוֹת בּוֹ מִבְּלִי טַעֲנָה. וּמִי שֶׁפּוֹגֵעַ אֵלּוּ הַצָּרוֹת מָה יִהְיֶה
עִנְיָנוֹ:

48. A sage, having been overtaken by sickness, was asked to disclose his affairs, to which he replied, what can be expected from one who sets out on a distant journey without provision, who is about to descend unattended into a pit in the wilderness, or one who is cited to appear before the king and has no defence - assailed by so many calamities, what can be his condition.

מט. אָמְרוּ לוֹ וְאַחַר כָּל זֶה מָה יִהְיֶה. אָמַר מִי שֶׁקָּנָה הָרַב

בִּמְעַט וְהִכִּיר כָּל אֵלּוּ הַצָּרוֹת וּמוֹשֵׁל בְּתַאֲוַת עוֹלָם קָטָן
בַּעֲבוּר עוֹלָם גָּדוֹל. אַשְׁרָיו וְאַשְׁרָיו:

49. The querist, however, replied, but how
can man remedy these evils, to which the sage
rejoined, by attaining much for little, by a
consciousness of earthly sorrows, by resisting
the allurements of the lesser for the sake of the
greater world - he will thus obtain twofold
happiness.

ג. וְאָמְרוּ שֶׁנִּמְצָא בָּאָרֶץ רוֹמִי אֶבֶן אַחַת כָּתוּב עָלֶיהָ בִּכְתָב
רוֹמִי. בֶּן אָדָם עֲשֵׂה בְּעוֹד שֶׁתּוּכַל לַעֲשׂוֹת וְהַשְׁלֵךְ עַל
הָאֱלֹהִים יְהָבְךָ. וְאַל תִּתֵּן לִבְּךָ לִרְאוֹת דַּאֲגַת יוֹם שֶׁלֹּא בָא.
שֶׁאִם יִהְיֶה מִיָּמֶיךָ יְבִיאֵהוּ הַבּוֹרֵא עַל כָּרְחֶךָ:

50. There was once discovered, in a
province of the Roman empire, a stone on
which the following inscription was engraved
in Roman characters - Son of man, act whilst
thou canst, and place thy reliance on God. Let
not thine unbridled passion induce thee to sin,
neither anticipate care, for if it be destined in
thy day, the Creator will bring it despite thy
struggles.

נא. וְאַל תִּתְמַהּ עַל קִבּוּץ הַמָּמוֹן. כִּי כַּמָּה בְּנֵי אָדָם מְקַבְּצִים
לְבַעֲלֵי נְשׁוֹתֵיהֶם. וְהַמְעַטַת הָאָדָם עַל עַצְמוֹ רִבּוּי בְּאוֹצַר
זוּלָתוֹ. וְהַמַּשְׂכִּיל מִי שֶׁנּוֹכַח בַּדְּבָרִים הָאֵלֶּה וְעָשָׂה בָהֶם:

51. It proceeded, let not the accumulation of
wealth perplex thee, for it is hoarded by many
for the future husbands of their wives, and that
which man denies to himself often increases
the treasures of others. The man of intellect will

derive information from these maxims and
profit by them.

נב. וְאָמְרוּ שֶׁנִּמְצָא בְּאֶרֶץ יָוָן עַל שַׁעַר מְדִינָה חָרְבָה אֶבֶן
כָּתוּב עָלֶיהָ בִּכְתַב יוני. בֶּן אָדָם אִלּוּ הָיִיתָ מַעֲיָן בִּמְעַט
שֶׁנִּשְׁאַר מִיָּמֶיךָ הָיִיתָ מוֹאֵס בָּמֶה שֶׁתַּקְוֶּהוּ מִמְּעַט מַאֲוַיֶּיךָ.
וְהָיִיתָ מְקַצֵּר מֵחֲרִיצוּתְךָ וְתַחְבּוּלָתְךָ. כִּי אַחֲרִיתְךָ לְהִתְחָרֵט
יוֹם שֶׁתִּמְעַד רַגְלֶיךָ. וְיִמָּסְרוּךְ בְּנֵי בֵיתְךָ וַאֲנָשֶׁיךָ. וְיַנִּיחוּ
קְרוֹבֶיךָ. וְיִפָּרְדוּ מֵעָלֶיךָ אוֹהֲבֶיךָ. וְלֹא תָשִׁיב לְבֵיתְךָ וְלֹא
תּוֹסִיף עוֹד בְּמַעֲשֶׂיךָ:

52. The sage relates, that there was
discovered, on the gate of a ruined city in
Greece, a stone bearing the following
inscription in Greek characters - Son of man,
were thy thoughts but directed to the fewness
of days yet left to thee, thou wouldst despise
the futility of thy desires, moderate thine
activity, and circumscribe thy designs, lest
remorse overtake thee when thy feet shall
totter, when thine household and thine
attendants will forsake thee, when thy relatives
will abandon thee, when thy friends will
neglect thee, and when thou shalt return no
more to thine house, and thine avocations shall
be beyond thy powers.

נג. וְעוֹד הָיָה כָּתוּב בָּהּ. בֶּן אָדָם רָצִיתָ מִן הָעוֹלָם בְּתַאֲוָה
כָלָה וּמִנְּעִימוֹתָיו בָּמֶה שֶׁהוּא חוֹלֵף וּמֵהוֹנוֹ בָּמֶה שֶׁתּוֹצִיא.
תִּקְבַּץ לְנַפְשְׁךָ הָעֲוֹנוֹת. וְלִבְנֵי בֵיתְךָ הַמָּמוֹנוֹת. וְכַאֲשֶׁר תָּמוּת
תִּשָּׂא עֲוֹנוֹתֶיךָ אֶל קִבְרְךָ וְתַנִּיחַ מָמוֹנְךָ לִבְנֵי בֵיתְךָ:

53. There was further engraved thereon -
Son of man, thou pursuest the transient desires

and fleeting pleasures of this world, and seekest to exact its wealth, and thus thou heapest sin on thyself and wealth on thine household, - the former thou carriest to the grave, and the latter thou bequeath Est to thy survivors.

נד. וְאָמַר אָדָם אֶחָד לְחָכָם כַּמָּה רִישֶׁךָ גָדוֹל. אָמַר לוֹ אֵלּוּ הָיִיתָ יוֹדֵעַ מַהוּ הָרָשׁ. הָיִיתָ טוֹרֵדֵת אוֹתְךָ הַחֶמְלָה עַל נַפְשֶׁךָ מֵהַחֶמְלָה עָלִי:

54. A man said to the sage, Alas, how extreme is thy poverty! to which he meekly replied, Couldst thou but define poverty, thou wouldst be concerned more for thine own than for mine.

נה. וְאָמַר שֶׁחָכָם אֶחָד הָיָה בַּמְּדִינָה וְהָיוּ אַנְשֶׁיהָ בְּצָרָה גְדוֹלָה וְהָיָה מְדַבֵּר דְּבָרָיו וְלֹא הָיָה מַרְגִּישׁ לְצָרָה. אָמְרוּ לוֹ הֲלֹא תִּצְטַעֵר לָמָּה שֶׁכֻּלָּנוּ בְּצַעַר. אָמַר לָהֶם לֹא. אָמְרוּ לוֹ וְלָמָּה. אָמַר לָהֶם אִם הָיִיתִי רוֹאֶה אוֹתוֹ בַּחֲלוֹמִי לֹא הָיִיתִי מַרְגִּישׁ בּוֹ בְּהָקִיץ עַל כֵּן לֹא אֶצְטַעֵר עַל זֶה לָמָּה שֶׁאֲנִי רוֹאֵהוּ. כִּי כַּאֲשֶׁר אָשׁוּב אֶל הַשֵּׂכֶל הָאֱמֶת יִהְיוּ עִנְיְנֵי הָעוֹלָם כַּחֲלוֹם וְהָעֵצָה הַבְּרוּרָה בְּהָקִיץ. וּכְמוֹ שֶׁהַנֵּר עֵין הָאוֹר כֵּן הַשֵּׂכֶל עֵין הַנֶּפֶשׁ. וְכַאֲשֶׁר הַשֶּׁמֶשׁ אוֹר הָעוֹלָם כֵּן הַנֶּפֶשׁ אוֹר הַגּוּף:

55. It is related of a sage, who dwelt in a province whose inhabitants were in great distress, but who remained indifferent to the public sorrow, that being asked whether he sympathized with the sufferings of his fellow creatures, no, was his reply. Being interrogated as to the reason, he rejoined, Had this scene

appeared to me in a dream, couldst thou imagine that the illusion would have remained on mine awaking, Hence my indifference, for reflection leads me to regard every event in life as a dream, and him alone vigilant who forms a correct notion of human nature, for as the spark is the eye of light, so is the intellect the eye of the soul, and as the sun is the luminary of the universe, so is the soul the light of the body.

נו. וְאָמַר כִּי נִמְצָא בָּאָרֶץ עֶרֶב כָּתַב כָּתוּב עַל שְׁלֹשָׁה קְבָרִים. עַל הָאֶחָד כָּתוּב אֵיךְ יוּעַם בַּחַיִּים מִי שֶׁיּוֹדֵעַ כִּי הָאֱלֹהִים יְדִינֶנּוּ עַל הַטּוֹב וְעַל הָרַע וִיגַמְלֵנוּ כְּפָעֳלוֹ. וְעַל הַקֶּבֶר הַשֵּׁנִי כָּתוּב וְאֵיךְ יִנְעַם מִי שֶׁיּוֹדֵעַ שֶׁהַמָּוֶת יְבוֹאֵהוּ פִּתְאֹם וִיסִירֵהוּ מַמְלָכוֹת וּגְדוֹלָה וְיַשְׁכִּיבֵהוּ בְּבֵית חֹשֶׁךְ הַמְעֻתָּד לוֹ. וְעַל הַשְּׁלִישִׁי כָּתוּב וְאֵיךְ יִנְעַם בְּחַיָּיו מִי שֶׁהוֹלֵךְ אֶל מְעָרָה שֶׁמְּכַלָּה מַרְאֵהוּ וּמְשַׁנֶּה זֹהַר פָּנָיו וּמְכַלָּה גוּפוֹ וְעַצְמוֹתָיו:

56. The following three inscriptions engraved on three tombs, were once discovered in the land of **YASHAE**. The first convoyed the following reflection - Must not the enjoyment of man's life be damped by the consciousness that the Creator will judge his good and evil deeds, and reward him accordingly, The second run thus - How can he taste the sweets of life, who feels that death may suddenly overtake him, remove him from power and dignity, and consign him to that dark abode which has been prepared for him, And the third was - How can he delight in life, whose lot is the dark subterraneous cave, which will pale his features, change his brightness, and consume his flesh and bones.

נז. וְאָמַר הֶחָכָם כַּמָּה פוֹגֵעַ בַּיּוֹם שֶׁלֹּא יַשְׁלִימֵהוּ וּמְיַחֵל לְמָחֳרָת וְאֵינוֹ מִיָּמָיו:

57. The sage observed, how many enter on a day which they do not see completed, and how many hope for the morrow which, alas! has not been allotted to them.

נח. וְאָמַר אִלּוּ הֱיִיתֶם רוֹאִים קְצָבָיו וַהֲלִיכוֹתָיו הֱיִיתֶם מוֹאָסִים הַמָּמוֹן וְתַהְפּוּכוֹתָיו:

58. He continued, could man but perceive the casualties of life and its sequel, he would not fail to despise both its wealth and vicissitudes.

נט. וְאָמַר בֶּן אָדָם טוֹרֵחַ בְּמָה שֶׁיִּשְׂמַח יוֹרְשׁוֹ. וְהַקֶּבֶר יוֹרֵשׁ. בְּמָה שֶׁיִּטְרַח לוֹ הָאָדָם:

59. Alas, said the sage, that man should weary to benefit his heir, or be anxious for that which is the inheritance of the grave.

ס. וְאָמַר הַטּוֹב שֶׁבָּעוֹלָמְךָ מָזוּג. לֹא תֹאכַל מִמֶּנּוּ דְּבַשׁ מַמָּשׁ כִּי אִם מְעֹרָב בָּאֶרֶס:

60. Man, thy happiest position in this world is not without alloy, thou canst not enjoy honey unmixed with venom.

סא. וְכַאֲשֶׁר יְשַׁלֵּם דָּבָר שֶׁתִּקְוָה תּוֹעַלְתּוֹ. צָפָה לְסוּרוֹ כְּשֶׁתִּשְׁמַע נִשְׁלַם:

61. When success crowns thine efforts, and

rumour declares thy wishes wholly successful, beware of impending reverses.

סב. וְיִרְאַת הָאֵל הָעֹז וְהַכָּבוֹד. וְהַתִּפְאָרֶךְ בָּעוֹלָם הַזֶּה הוּא הַחִסָּרוֹן וְהַבּוּז:

62. The fear of God is strength and honour, but the result of vain glory is privation and scorn.

פֶּרֶק מה Chapter 45

א. אָמַר הֶחָכָם מִי מִבְּנֵי אָדָם דַּאֲגָתוֹ אֲרֻכָּה. אָמַר מִי שֶׁאֵין לְבּוֹ בָּטוּחַ בְּטַרְפּוֹ:

1.　Whose cares are the most protracted, the sage replied, His whose daily requirements are his constant anxiety.

ב. וְאָמַר הַדּוֹאֵג אֲשֶׁר לֹא יָתוֹם יְגוֹנוֹ. וְהַיָּגֵעַ אֲשֶׁר לֹא תִהְיֶה לוֹ מְנוּחָה. הַמַּגְבִּיר זָלוּת הַחֲרִיצוּת עַל יְקַר הַהִסְתַּפְּקוּת. וְהַמְבַקֵּשׁ יוֹתֵר מִכְּדֵי סְפוּקוֹ. וְהַחֹמֵד בְּנֵי אָדָם בְּמָה שֶׁחֲנָנָם הַבּוֹרֵא:

2.　He who prefers sordidness to the dignity of contentment, or craves for more than he needs, or covets that with which God has favoured others, will meet with endless care and weariness that knows no repose.

ג. וְאָמַר שֶׁחָכָם אֶחָד עָבַר עַל אָדָם אֶחָד. אָמַר לוֹ הָאֵיךְ חֲרִיצוּתְךָ לְעוֹלָם. אָמַר אֲנִי רוֹדֵף אַחֲרָיו. אָמַר לוֹ הַשָּׂגַת מִמֶּנּוּ דָבָר. אָמַר לוֹ לֹא כִּי אִם מְעַט מִזְעָר. אָמַר לוֹ אִם לֹא הַשָּׂגַת בָּעוֹלָם הַזֶּה שֶׁאַתָּה רוֹדֵף אַחֲרָיו כִּי אִם מְעַט מִזְעָר. מָה תַּשִּׂיג מֵהָעוֹלָם הָאַחֵר שֶׁאֵינְךָ רוֹדֵף אַחֲרָיו:

3.　A sage chanced to pass a certain man, and addressed him thus - How do thy worldly affairs progress, I diligently attend to them. But, continued the sage, has success crowned thine endeavour, no, said the other, but scantily. Well, continued the sage, if thou hast but scantily succeeded in that which thou pursuest so ardently, what canst thou expect in the future state, which thou so utterly neglect.

155

פֶּרֶק מו Chapter 46

א. אָמַר הַמְחַבֵּר הֶחָכָם אֵין רָשׁ יוֹתֵר מִמִּי שֶׁאֵינוֹ שָׂמֵחַ בְּחֶלְקוֹ. וְלֹא תִּשְׂבַּע עֵינוֹ:

1. The sage observes - None is so poor, as he who is discontented with his lot.

ב. אָמַר אֵין רָשׁ כְּמִי שֶׁלִּבּוֹ דּוֹאֵג מִן הָרָשׁ:

2. None is more indigent than he who dreads poverty.

ג. וְאָמַר הַקֶּבֶר וְלֹא הָרָשׁ:

3. Better the grave than a fall to poverty.

ד. וְשָׁאֲלוּ לֶחָכָם הָאֵיךְ עִנְיָנְךָ. אָמַר מָה יִהְיֶה עִנְיַן מִי שֶׁאָבַד מָמוֹנוֹ וְנִשְׁאַר מִנְהָגוֹ:

4. The sage having been asked how he fared in life, he replied, how can one fare, who has lost his wealth but retained his luxurious habits,

ה. וְאָמַר תֵּן לְמִי שֶׁתִּרְצֶה תִּהְיֶה נָגִידוֹ. וְהִתְיָאֵשׁ מִמִּי שֶׁתִּרְצֶה תִּהְיֶה כָּמוֹהוּ. וְכַבֵּד מִי שֶׁתִּרְצֶה תִּהְיֶה מְכֻבָּד מִמֶּנּוּ. וְתִצְטָרֵךְ לְמִי שֶׁתִּרְצֶה תִּהְיֶה נָקֵל בְּעֵינָיו:

5. Liberality to another renders thee his superior, independence his equal, respect shown will be reciprocated, and favours solicited will cause thee to be slighted.

ו. וְאָמַר כְּשֶׁיְּמַעֵט הוֹן הָאָדָם אֵין בָּנָיו רוֹצִים אֶת דַּעְתּוֹ. וּמְשִׁיבִין עַל דְּבָרָיו וְעַל מִצְוֹתָיו:

6. With the decrease of our wealth our opinions lose their weight, even with our children, who disobey our words and orders.

פֶּרֶק מז Chapter 47

א. אָמַר הֶחָכָם אַל תַּחֲשֹׁב מָה שֶׁתִּמְצָא יָדְךָ וְתַגִּיעַ אֵלָיו כְּשֶׁתִּתְחַלֵּל מַעֲלָתְךָ. וּתְכַלֶּה זֹהַר פָּנֶיךָ. כִּי מָה שֶׁחַסָרַת גָּדוֹל מִמָּה שֶׁהוֹעַלְתָּ:

1. The sage observes, that favour is valueless which entails humiliation, and calls up the blush of dependence, for the loss must ever exceed the advantage.

ב. וְאָמַר טָעַמְתִּי מְרִירוּת כָּל הַדְּבָרִים. וְלֹא מָצָאתִי מַר כְּטַעַם הַשְּׁאֵלָה:

2. Of all the bitterness that I have tasted, said the sage, none exceeds that of soliciting favours.

ג. וְאָמַר הֶחָכָם מָה הַפֶּצַע שֶׁאֵין לוֹ רְפוּאָה. אָמַר כְּשֶׁיִּצְטָרֵךְ הַנָּדִיב אֶל הַכִּילַי וְיִמְנַע מִמֶּנּוּ:

3. Better submit to privations than solicit a favour of the unworthy, whose refusal but aggravates the humiliation.

ד. וְאָמַר הֶחָכָם חֶסְרוֹן הַצֹּרֶךְ טוֹב מִשְּׁאֵלָתוֹ מִמִּי שֶׁאֵינוֹ רָאוּי לִשְׁאֹל מִמֶּנּוּ. וְהָרָעָה גְּדוֹלָה כְּשֶׁלֹּא יָפִיק רְצוֹנוֹ:

4. A man thus addressed the sage - Pray to thy God, that I may not need mankind. No, replied the sage, mutual dependence is indispensable, but I will pray, that thou mayest not need the worthless amongst men.

ה. וְאָמַר כִּי אָדָם אֶחָד בָּא אֶל חָכָם וְאָמַר לוֹ הִתְפַּלֵּל עָלַי אֶל אֱלֹהֶיךָ שֶׁלֹּא יַצְרִיכֵנִי לִבְנֵי אָדָם. אָמַר אִי אֶפְשָׁר שֶׁלֹּא תִּצְטָרֵךְ לִבְנֵי אָדָם. אֲבָל הָאֱלֹהִים אַל יַצְרִיכְךָ אֶל הַנְּבָלִים מִבְּנֵי אָדָם:

5. A man thus addressed the sage - Pray to thy God, that I may not need mankind. No, replied the sage, mutual dependence is indispensable, but I will pray, that thou mayest not need the worthless amongst men.

ו. וְאָמַר שֶׁהָיָה חָכָם מִתְפַּלֵּל אֶל תַּצְרִיכֵנִי אֶל הָרָעִים וְאִם תַּצְרִיכֵנוּ לְאֶחָד מִבְּרוּאֶיךָ יִהְיֶה אֶל הַטּוֹב שֶׁבָּהֶם וְהַבֹּשֶׁת פָּנִים. וְהַנֶּפֶשׁ הַנְּדִיבָה שֶׁבָּהֶם. וְאֶל הַלָּשׁוֹן הַמְּתוּקָה שֶׁבָּהֶם. וְאֶל מִי שֶׁלֹּא יִזְכֹּר לִי טוֹבָתוֹ לְבַיְּשֵׁנִי מֵהֶם:

6. A sage is said to have implored God not to subject him to dependence on mortals, but, continued he, should it be my lot to need thy creatures, grant that it may be the kind-hearted and liberal-minded, whose words are affable and sweet, and who will not vaunt in my presence of the services they have rendered.

ז. וְאָמַר הֶחָכָם לִבְנוֹ הִתְפַּלֵּל אֶל ה' אֱלֹהֶיךָ שֶׁלֹּא יָשִׂים טַרְפְּךָ עַל יְדֵי הָרָעִים מִבְּרִיּוֹתָיו כִּי זֶה מֵרַע הַמַּזָּל:

7. The sage impressed on his son, to implore God not to render wicked men indispensable to his existence, for that is the presage of disaster.

ח. וְאָמַר מִי שֶׁשּׁוֹאֵל יוֹתֵר מִצָּרְכּוֹ וְעָרְכּוֹ כְּדַי הוּא שֶׁיִּמְנָעוּ מִמֶּנּוּ:

8. He who craves for more than he needs or

merits deserves a refusal.

ט. וְאָמַר הַכִּלּוֹת גְּרִיעוֹת וְהַמְהִירוּת טָעוּת. וְהַחֲרִיצוֹת הֶפְסֵד:

9. Avarice engenders disrespect, rashness error, and over-circumspection loss.

י. וְאָמַר מִי שֶׁהֶאֱרִיךְ לוֹ מוֹעֲדוֹ וּמָנַע מִמְּךָ טַרְפּוֹ וְטוֹבָתוֹ. בְּצוּרוֹת הַמְצֻיָּרוֹת תִּמְצָא כָּמוֹהוּ:

10. To solicit from him who procrastinates, and ultimately disappoints, is like seeking favours from a lifeless image.

יא. וְאָמַר כְּשֶׁתִּשְׁאַל מִן הַכִּילִי שְׁאָלָה. יִמְנַע מִמְּךָ וְיִשְׂנָאֶךָ:

11. He who asks a favour of the niggard will reap disappointment and incur hatred.

יב. וְאָמַר מִי שֶׁשּׁוֹאֵל שְׁאָלָה מָכִילִי הוּא יוֹתֵר פָּחוֹת מִמֶּנּוּ:

12. He who seeks a favour of the niggard renders himself worse by far than he.

יג. וְאָמַר אַכְסְנַאי הַכִּילִי לֹא יִפְחַד מִן הֲקָבְסָא וְלֹא יִצְטָרֵךְ אֶל מִרְקַחַת:

13. The guest of the miser needs not fear nausea, nor will he require medicine.

יד. וְאָמַר מִי שֶׁמִּתְאָרֵחַ אֵצֶל הַכִּילִי תִּתְעַנֶּה בְּהֶמְתּוֹ וְאֵינוֹ צָרִיךְ לְהַפָּנוֹת:

14. The hospitality of the sordid starves the animal, and the stable will require no cleaning.

טו. וְשָׁאַל מֶלֶךְ אֶחָד אֶת שָׂרָיו מָה הָרַע שֶׁבַּדְּבָרִים. אָמַר לוֹ הָרָשׁ. אָמַר לָהֶם הַכִּלּוֹת שֶׁאֵינוֹ סָר מִבְּעָלָיו עַד שֶׁיּוֹרִישֵׁנּוּ

הַקָּלוֹן:

15. Tell to me, said a king to his minister, what you consider the greatest of calamities, Poverty, your liege. No, rejoined the king, I conceive it to be that sordidness which does not quit its followers until they incur disgrace.

טז. וְאָמַר הַמְבַקֵּשׁ מִן הַכִּילַי כִּמְבַקֵּשׁ לָצוּד דָּגִים בַּמִּדְבָּר:

16. He who seeks a favour of the avaricious, is like him who attempts to catch fish in the wilderness.

יז. וְהָיָה אֶחָד מִן הַנְּדִיבִים אוֹמֵר לַחֲבֵרָיו כְּשֶׁתִּצְטָרְכוּ לִי בְּדָבָר אֶל תְּבַקְשׁוּ מִמֶּנִּי פָּנִים אֶל פָּנִים. כִּי אֵינֶנִּי רוֹצֶה שֶׁאֶרְאֶה בָּכֶם זָלּוּת הַשְּׁאֵלָה. אֲבָל כִּתְבוּ אֵלַי שְׁאֶלַתְכֶם בְּאִגֶּרֶת:

17. The following words were addressed by a philanthropist to his friends - Should you ever need my favour, apply by petition, and not personally, lest your countenance betray the humiliation of soliciting.

יח. וְאָמַר לֹא לָקַח הַמְחַלֵּל הָדַר פָּנָיו בִּשְׁאֵלָתוֹ תְּמוּרָה וְאִם הִגִּיעַ [בָּהּ] לְהַעֲשִׁיר:

18. There is no equivalent for the degradation of seeking favours, though riches may be obtained thereby.

יט. וְאָמַר אִם תִּשְׁקֹל הַשְּׁאֵלָה עִם הַמַּתָּנָה. תַּכְרִיעַ הַשְּׁאֵלָה אֶת הַמַּתָּנָה:

19. Should the humiliation of seeking favours be balanced with the acquired gift, the former is sure to outweigh the latter.

כ. וְאָמַר כְּשֶׁתִּשְׁאַל שְׁאַל מֵאַנְשֵׁי הַנְּדִיבוּת וְהַחֶסֶד. וְאַל
תִּשְׁאַל מִן הַכִּילַי כִּי אֵינֶנּוּ שָׂמֵחַ בִּשְׁאֵלָתֶךָ:

20. Let the applicant for favours address himself to the liberal, kind-hearted, and disinterested, but avoid the mean-spirited, for he will not be gracious at thy request.

162

פֶּרֶק מח Chapter 48

א. אָמַר הֶחָכָם מִפְּחִיתוֹת הַנֶּפֶשׁ שֶׁתְּקַנֵּא בְּאוֹהֵב נֹחַ אֶל
טוֹבָתוֹ:

1.   Envy is a blemish of the mind.

ב. וְאָמַר הַקִּנְאָה לִבְנֵי אָדָם כְּחוֹלִי הַגּוּף. וְהִיא מְבִיאָה לִידֵי
הַשַּׁחֶפֶת:

2.   Envy is to the mind, what that disease is
to the body which engenders consumption.

ג. וְאָמַר הֶחָכָם לִבְנוֹ. בְּנִי הִשָּׁמֵר מִן הַקִּנְאָה כִּי הִיא נִכְרַת
בָּךְ וְלֹא תִהְיֶה נִכְרַת בְּשׂוֹנַאֲךָ.

3.   The sage thus addressed his son -
Beware of envy, for thy countenance will
betray it, but not that of thine enemy.

ד. וְאָמַר לֹא רָאִיתִי חוֹמֵס נַפְשׁוֹ כִּמְקַנֵּא. אֲבָלוֹ מַתְמִיד וְנַפְשׁוֹ
דּוֹאֶבֶת. וְשִׂכְלוֹ חָסֵר. וְלִבּוֹ הוֹמֶה:

4.   He continued, Envy inflicts the greatest
misery on its votaries, their sadness is
perpetual, their soul is grieved, their intellect is
dimmed, and their heart disquieted.

ה. וְאָמַר כָּל אָדָם אֹכֵל לְרָצוֹן חוּץ מִן הַמְקַנֵּא עַל הַטוֹבָה
שֶׁאֵינוֹ מְרֻצֶּה אֶלָּא בְּסוּרָה:

5.   Every man may enjoy life to his heart's
content, save the envious, who delights only in
the misfortunes of others.

ו. וְהָיָה הַמְקַנֵּא אָשֵׁם בַּעֲבוּר שֶׁהוּא שׂוֹנֵא מָה שֶׁהַבּוֹרֵא חָפֵץ.

וְהִתְקַצֵּף מִיִּתְרוֹן רֹעַ לֵבָב עַל אֲשֶׁר נָתַן לְזוּלָתוֹ וּמָנַע מִמֶּנּוּ:

6. The envious is sinful, for he hates that which God wills, and rebelliously grieves at that which the Creator bestows on others and denies to him.

ז. וְאָמַר כָּל שִׂנְאָה יֵשׁ תִּקְוָה לִרְפוּאָתָהּ חוּץ מִשִּׂנְאָה מִמִּי שֶׁיִּשְׂנָאֵךְ מִקִּנְאָה:

7. Every animosity may be healed, save that whose source is envy.

ח. וְאָמַר הַמְקַנֵּא יָמָיו מְעַטִּים מִפְּנֵי שֶׁדּוֹאֵג לָמָה שֶׁלֹּא יַזִּיקֵהוּ וְלֹא יוֹעִילֵהוּ וְיָמוֹת בְּיָגוֹן:

8. The days of the envious man are few, for he grieves at that which injures and benefits not, and ultimately perishes by grief.

ט. וְאָמַר אָדָם לַחֲבֵרוֹ אֲנִי אוֹהֵב אוֹתָךְ אָמַר לוֹ וְלָמָה לֹא תֶּאֱהָבֵנִי. וְאֵין אַתָּה מֵאַנְשֵׁי אֱמוּנָתִי וְלֹא מִקְרוֹבַי וּמִשְׁכֵנַי. וּפַרְנָסָתִי עַל יְדֵי זוּלָתְךָ:

9. A man addressed his friend in these terms - I do indeed esteem thee. And why not, replied the other, since thou art not my rival, nor my relative or neighbour, and seeing that my livelihood depends on others.

י. וְאָמַר אַל תְּקַנֵּא בְּאָחִיךְ עַל אֲשֶׁר לוֹ. כִּי הוּא יִנְעַם בְּחַיָּיו וְאַתָּה תִּשְׂבַּע דְּאָגָה וּנְדוּדִים:

10. Envy not the possession of thy fellow-man, for thou wilt thus render his existence delightful, whilst thine will pass in sadness, grief, and restlessness.

יא. וְאָמַר דַּיְּךְ מִן הַמְּקַנֵּא שֶׁיֵּאָבֵל לְשִׂמְחָתֶךָ וּלְטוֹבָתֶךָ:

11. We are amply avenged on the envious man, when we see him dejected at our joy and happiness.

Chapter 49 פֶּרֶק מט

א. אָמַר הֶחָכָם מִי שֶׁמִּתְקַשֵּׁט בְּמָה שֶׁאֵין בּוֹ יִגְלוּהוּ עֵדֵי הַבְּחִינָה:

1. The sages observes, He who affects a dignity which he does not possess will be exposed by the test of discrimination.

ב. וְאָמַר מִי שֶׁמִּתְקַשֵּׁט בְּמָה שֶׁאֵין מִטְבְּעוֹ רוֹצֶה לְהַכְרִיחַ הַטֶּבַע וְהַטֶּבַע מַכְרִיחוֹ. כְּמִי שֶׁצּוֹבֵעַ הַשֵּׂיבָה וּמְגַלֶּה אוֹתוֹ הַגָּדוֹל:

2. He who plumes himself on that which he possesses not, imagines himself to have vanquished nature, whilst nature in fact has vanquished him, like him who colours his grey hair, but which the least growth will soon expose.

ג. וְאָמַר דַּי לְאָדָם מוּם שֶׁיִּתְבָּאֵר לוֹ מִבְּנֵי אָדָם מָה שֶׁנֶּעֱלָם מִמֶּנּוּ מֵעַצְמוֹ. וְשֶׁיְּאַשִּׁים בְּנֵי אָדָם עַל מָה שֶׁהוּא עוֹשֶׂה כְּמוֹהֶם. וְשֶׁיַּזִּיק אֶת שְׁכֵנוּ:

3. It is reproach enough to man, to learn from others those defects which he fails to discern in himself, and to censure others for that from which he cannot claim exemption, and to injure his neighbour.

166

פֶּרֶק נ Chapter 50

א. אָמַר הֶחָכָם מִי שֶׁרַב רֹעַ לְבָבוֹ יִהְיֶה שְׁמוֹ רַע וּמִיתָתוֹ
רָעָה:

1. The sage observes - Intercourse with the wicked injures reputation and leads to a bad end.

ב. וְאָמַר. הֶחָבֵר הָרַע כַּחֲלִי הָרַע הוּא פּוֹשֵׁט בַּגּוּף הֵנָּה וָהֵנָּה.
חוֹקֵר עַל מוּמֵי חֲבֵרוֹ וּמַעֲלִים זְכִיּוֹתָיו:

2. An evil companion is like a sore disease which ramifies throughout the whole frame, such a companion seeks after the defects of his associate, but conceals his merits.

Chapter 51 פֶּרֶק נא

א. אָמַר הֶחָכָם שֶׁאָדָם דְּבַר מוּם בַּחֲבֵרוֹ אֵצֶל אֶחָד מֵהַגְּדוֹלִים. אָמַר לוֹ הוֹרִיתַנִי עַל רֹב מוּמֶיךָ. בַּמֶה שֶׁאַתָּה מַרְבֶּה לְסַפֵּר בְּמוּמֵי בְּנֵי אָדָם. כִּי הַמְחַפֵּשׂ בְּמוּמֵי בְּנֵי אָדָם אֵינוֹ מְחַפֵּשׂ אֶלָּא כְּפִי אֲשֶׁר בּוֹ מוּמָיו וְכִדְמוּתָם:

1. The sage related, A man having calumniated another in the hearing of an important personage, was thus addressed by him - Thou hast brought to light thine own great defects, by expatiating on the faults of others, for he who goes in quest of the foibles of others, is guided in his search by failings peculiar to himself.

ב. וְאָמַר אָדָם לַחֲבֵרוֹ אֲנִי רוֹצֶה לְרַחֶקְךָ בִּשְׁבִיל שֶׁמְּדַבְּרִים בְּךָ בְּנֵי אָדָם. אָמַר לוֹ שְׁמַעְתַּנִי מְדַבֵּר בַּאֲחֵרִים. אָמַר לוֹ לָאו. אִם כֵּן הַרְחֵק הַמְדַבְּרִים:

2. A man said to his friend, I will discard thee, for I hear persons speak unfavourably of thee. To which he answered, Didst thou ever hear me asperse them, no, rejoined the other. If so, continued the slandered person, discard the slanderers.

ג. וְאָמַר שֶׁאָדָם הֶאֱשִׁים אֶת חֲבֵרוֹ עַל דָּבָר שֶׁשָּׁמַע מִמֶּנּוּ וְהִתְנַצֵּל עָלָיו. אָמַר לוֹ וַהֲלֹא הַגִּיד נֶאֱמָן. אָמַר לוֹ אִלּוּ הָיָה נֶאֱמָן לֹא הָיָה מַגִּיד:

3. A man rebuked his friend in consequence of some evil rumour. The other sought to exonerate himself. But, said the

168

former, my authority is trustworthy. Well, observed the latter, if he were so, he never could have proved a traducer.

ד. וְאָמַר אָדָם אֶחָד לַחֲבֵרוֹ הִגִּיעַנִי שֶׁאַתָּה מְדַבֵּר בִּי. אָמַר לוֹ אִם כֵּן אַתָּה נִכְבָּד בְּעֵינַי מֵעַצְמִי:

4.   A man thus addressed his colleague - I have been informed that thou hast censured me. Well, replied the other, this amply proves that thou art a man of greater importance than myself.

ה. וְאָמַר שֶׁאָדָם אָמַר לַחֲבֵרוֹ הִגִּיעַנִי שֶׁדִּבַּרְתָּ בִּי. אָמַר לוֹ נַפְשִׁי יוֹתֵר יְקָרָה בְּעֵינַי:

5.   A man thus addressed his colleague; I learn that thou hast slandered me. No, replied the other, I value myself too much for that.

ו. וְאָמַר הֶחָכָם מִי שֶׁיַּאֲמִין הָרְכִילוּת לֹא יִשָּׁאֵר לוֹ אוֹהֵב אֲפִלּוּ אִם יִהְיֶה חָבִיב אוֹ קָרוֹב:

6.   He who lends credence to the slanderer will forfeit the friendship of all, even to the nearest and dearest kinsman.

ז. אַל תַּעֲזֹב הָאוֹהֵב בַּעֲבוּר רְכִילוּת הָרוֹכֵל:

7.   Let no friendship be severed by reason of the calumniator.

ח. וְאָמַר אַל תְּגַלֶּה מִסְתּוֹרֵי רָעוֹת בְּנֵי אָדָם פֶּן יְגַלֶּה הַבּוֹרֵא מִסְתּוֹרֵי רָעוֹתֶיךָ. וְסַפֵּר בְּטוֹבָתָם כְּשֶׁתַּזְכִּיר שְׁמָם וְאַל תְּגַנֶּה אוֹתָם בְּמָה שֶׁיֵּשׁ בָּדּ:

8.   Expose not the hidden faults of thy

169

fellow-men, lest the Creator bring to light thine, eulogize them when thou mayest, and load them not with the faults peculiar to thyself.

ט. וְאָמַר מִי שֶׁמַּגִּיעַ הַגְּדוּף הוּא הַמְּגַדֵּף:

9. He used to say, the bearer of calumny is usually its author.

פֶּרֶק נב Chapter 52

א. אָמַר הֶחָכָם הָאֱלֹהִים יְצַלְנִי מִשָּׁכֵן רַע שֶׁעֵינוֹ רוֹאָתֵנִי וְלִבִּי
חוֹשֵׁב. כִּי אִם יִרְאֶה טוֹבָה יַעֲלִימֶנָּה וְאִם יִרְאֶה רָעָה יְגַלֶּנָּה:
1. The sage said, deliver me, O God, from
that neighbour whose evil eye watches me and
maliciously meditates my injury, who will
suppress my merits and expose my failings.

ב. וְשָׁאֲלוּ לֶחָכָם אֵיזֶה חֶלִי יוֹתֵר רַע. אָמַר שָׁכֵן רַע. אִם
תִּדְבַּק עִמּוֹ יַבְהִילְךָ. וְאִם תִּרְחַק מִמֶּנּוּ יְדַבֵּר בְּךָ וִיסַפֵּר
בִּגְנוּתֶךָ.
2. The sage was asked to point out the
sorest affliction. An evil neighbour, was his
reply, for, said he, in thy presence he will
harass thee, in thine absence he will
malevolently slander and asperse thee.

ג. וְאָמַר מִי שֶׁסּוֹבֵל הַזֵּיק שְׁכֵנוּ. יוֹרִישֶׁנּוּ הַבּוֹרֵא בֵּיתוֹ:
3. He who patiently endures the injury
inflicted by his neighbour will, by the help of
God, become the successor of his house.

פֶּרֶק נג Chapter 53

א. אָמַר הֶחָכָם מִי שֶׁיִּזְרַע הַשִּׂנְאָה יִקְצֹר הַחֲרָטָה:

1.   The sage observes, He who sows discord will reap regret.

ב. וְשָׁאֲלוּ לְחָכָם בַּמֶּה יִתְנַקֵּם אָדָם מִשּׂוֹנְאוֹ. אָמַר שֶׁיּוֹסִיף מַעֲלָה יְתֵרָה בְּעַצְמוֹ:

2.   The sage was asked, how is man to take vengeance on his enemy, by increasing his own good qualities.

ג. וְאָמַר הִזָּהֵר מִשִּׂנְאַת הָאָדָם אַף מִן הַנִּקְלֶה כִּי פְּעָמִים שֶׁיֶּחֱנַק הָאָדָם הַגָּדוֹל בַּזְּבוּב קָטָן:

3.   Beware of enmity, however insignificant, for the smallest insect has often caused the death of the greatest man.

ד. וְאָמַר אֵין בְּרָעוּת כְּשִׂנְאַת בְּנֵי אָדָם:

4.   There is nothing more dangerous than the hatred of the vile.

פֶּרֶק נד Chapter 54

א. אָמַר הֶחָכָם חֲמִשָּׁה דְבָרִים בִּכְסִיל וְאֵינָם נִמְצָאִים בְּזוּלָתוֹ. כּוֹעֵס בְּחִנָּם. וְנוֹתֵן עֵינוֹ בְּמָקוֹם שֶׁאֵינוֹ רָאוּי לוֹ. וּמְיַגֵּעַ גּוּפוֹ לָרִיק וְאֵינוֹ מַכִּיר הָאוֹהֵב מִן הַשּׂוֹנֵא. וּמְגַלֶּה סוֹד. עוֹד שְׁנֵי דְבָרִים. מֵשִׁיב דָּבָר בְּטֶרֶם יִשְׁמָע. וּמַרְבֶּה לְהַבִּיט:

1.   The sage observes, five defects are peculiar to the simple only - **1st.** Unreasonable anger. **2nd.** Benevolence ill bestowed. **3rd.** Fruitless exertion. **4th.** Inability to distinguish friend from foe. **5th.** Betrayal of secrets. To those may be added over-haste in replying and over-inquisitiveness.

ב. וְאָמַר אוֹהֵב הָאָדָם שִׂכְלוֹ. וְשׂוֹנְאוֹ כְּסִילוּתוֹ:

2.   Discretion is the friend of man, folly his adversary.

פֶּרֶק נה Chapter 55

א. אָמַר הֶחָכָם מִי שֶׁאֵינוֹ מִתְגָּאֶה בְּנַפְשׁוֹ הִגְבִּיהָהּ. וְהַמִּתְגָּאֶה הִשְׁפִּילָהּ:

1. The sage was wont to observe, the diffident will be encouraged, the proud humbled.

ב. וְאָמַר מִי שֶׁבָּטַח בַּעֲצָתוֹ תּוֹעֶה. וּמִי שֶׁסָּמַךְ בְּשִׂכְלוֹ נִכְשַׁל. וּמִי שֶׁמִּתְגָּאֶה עַל בְּנֵי אָדָם שֶׁפָל:

2. He continued, He who relies on his own counsel will err, and he who trusts in his own discretion will stumble.

ג. וְאָמַר תַּמָּה אֲנִי בְּמִי שֶׁעָבַר בְּמַעֲבַר הַשֶּׁתֶן וְהַדָּם מֵאַיִן לוֹ גַּאֲוָה:

3. Alas, exclaimed the sage, that man, who must pass through the most loathsome passages, should ever be proud.

ד. הַמִּתְגָּאֶה בְּנַפְשׁוֹ רוֹאֶה בָּהּ מָה שֶׁהוּא גָּדוֹל מִמֶּנָּה בְּקַלּוּת דַּעְתּוֹ. וּמַרְאֶה שִׂמְחָתוֹ לָזֶה. וְהוּא וְהַנִּקְרָא גַּאֲוָה:

4. The arrogant, in his conceit and self-gratulation, over-rates his own merits, - this constitutes pride.

ה. וְשָׁאֲלוּ לֶחָכָם מַהוּ הַגַּאֲוָה. אָמַר שְׁטוּת שֶׁאֵין בְּעָלֶיהָ יָכוֹל לְהַנִּיחָהּ:

5. The sage was asked to define pride, it is, said he, a folly which its devotees cannot cast off.

174

Chapter 56   פֶּרֶק נו

א. אָמַר הֶחָכָם הָאוֹהֵב וְהַשּׂוֹנֵא אֵצֶל הַשּׁוֹטֶה שָׁוִים:
1.   In the estimation of the simple, both friend and foe are on a level.

ב. וְאָמְרוּ מִי שֶׁבְּנֵי אָדָם שָׁוִים אֶצְלוֹ אֵין לְשָׁטוּתוֹ רְפוּאָה:
2.   Hopeless is that folly which regards mankind without distinction.

ג. וְאָמַר אֵיזֶה רָאוּי לְקָלוֹן. מִי שֶׁנִּכְנָס בְּמָקוֹם שֶׁאֵינוֹ רָאוּי לוֹ. וְהַנִּכְנָס בְּמָקוֹם וְאוֹמְרִים לוֹ שֵׁב פֹּה וְאָמַר לֹא כִּי אִם כָּאן. וְהַמַּאֲרִיךְ לְסַפֵּר דָּבָר שֶׁאֵין שׁוֹאֲלִין אוֹתוֹ עָלָיו:
3.   Who deserves to be held up to scorn. He who assumes a position above his station, he who aspires to a higher place than that assigned to him, and he who dilates on subjects not referred to him.

פֶּרֶק נז　Chapter 57

א. אָמַר הֶחָכָם כָּל אוֹהֵב שֶׁמִּתְהַפֵּךְ וּמִשְׁתַּנֶּה בְּאַהֲבָתוֹ חֲשׁוֹב
אוֹתוֹ כְּשׂוֹנֵא וְאַל תִּבְטַח בּוֹ לְעוֹלָם:

1. Regard the fickle-minded rather as an enemy than a friend, and rely not on his friendship.

פֶּרֶק נח Chapter 58

א. אָמַר הֶחָכָם כְּשֶׁאַתָּה חוֹלֵק כָּבוֹד לְאוֹהַבְךָ כָּרָאוּי לוֹ וְאֵינֶנּוּ חוֹלֵק לְךָ מָה שֶׁרָאוּי לְךָ טוֹב שֶׁתַּעַזְבֶנּוּ:

1. Regard the fickle-minded rather as an enemy than a friend, and rely not on his friendship.

פֶּרֶק נט Chapter 59

א. אָמַר הֶחָכָם מִי שֶׁנִּכְנָס בְּמָקוֹם שֶׁיֵּשׁ שָׁם בְּנֵי אָדָם וְיָשַׁב
מִבְּלִי רְשׁוּתָם יִהְיֶה נִמְאָס עַד שְׁקוּם:

1. The sage saith, He who intrudes on the privacy of others will court contempt by his presence.

ב. וְאָמַר דָּחָה הַכָּבֵד בִּמְעוּט הַאֲזָנָתְךָ אֵלָיו:

2. Dismiss the intruder by withholding from him thine attention.

ג. וְאָמַר הָאֲכִילָה. עִם הָאוֹהֵב מְרֻקַּחַת. וְעִם הַשּׂוֹנֵא קַבְּסָא:

3. The company of a friend seasons the meal, but the presence of an enemy renders it nauseous.

ד. וְאָמַר מִי שֶׁהֶאֱרִיךְ בְּשִׂיחָתוֹ יָקוּצוּ בְּנֵי אָדָם בִּדְבָרָיו:

4. Mankind is disgusted with an idle prattler.

ה. וְאָמַר שֶׁמֶּלֶךְ אֶחָד כָּתַב בְּטַבַּעְתּוֹ הַכְבַּדַת קוּם. וּבַאֲשֶׁר
הָיָה יוֹשֵׁב אָדָם כָּבֵד עִמּוֹ הָיָה מַרְאֶה אוֹתוֹ אֵלָיו:

5. A certain king had engraved upon his signet, - Thou becomes tiresome, begone. which ring he exhibited to all intrusive visitors.

ו. וְצִוָּה הֶחָכָם אֶת בְּנוֹ אַל תֵּשֵׁב עִם הַכְּבֵדִים. כִּי מָצָאתִי
בְּסֵפֶר רְפוּאוֹת שֶׁיְּשִׁיבַת הַכָּבֵד קַדַּחַת רְבִיעִית:

6. The sage enjoined his son, to avoid the companionship of the troublesome, for, said he,

I have read in medical works, that the society of the intruder, is as intolerable as the tertian ague.

ז. וְאָמַר מִי שֶׁיַּכְבִּיד נַפְשׁוֹ עָלֶיךָ וּמַטְרִיחֲךָ בִּשְׁאֵלוֹתָיו עָשָׂה אָזְנֶיךָ לוֹ חֵרֶשֶׁת וְעֵינְךָ עִוֶּרֶת:

7.   When the idle querist intrudes his questions on thee, assume deafness and blindness.

ח. וְאָמַר כַּאֲשֶׁר יָדַע הַכָּבֵד שֶׁהוּא כָּבֵד. אֵינוֹ כָּבֵד:

8.   He continued, He ceases to be an intruder, who is conscious of his being tedious.

ט. וְאָמַר אַל תֵּשֵׁב עִם הַכָּבֵד כִּי יְשִׁיבָתוֹ דְּאָגָה:

9.   Associate not with the irksome, for such companionship produces vexation.

פֶּרֶק ס   Chapter 60

א. אָמַר הֶחָכָם מִי שֶׁמִּתְעַקֵּשׁ עַמְּךָ נִפְרָד מִמְּךָ וְשֹׂנַאֲךָ:

1.   The sage remarked, He who treats thee pertinaciously will ultimately discard and hate thee.

ב. וְאָמַר אַל תִּתְעַקֵּשׁ עִם הַכַּעֲסָן. כִּי תַּכְעִיסֵהוּ וְתֶאֱשַׁם. וְאֶל יִקָּבְצוּ בְּמוֹשָׁבְךָ שְׁנֵי אֲנָשִׁים שֶׁחוֹלְקִים לָנָצוּחַ:

2.   Be not stubborn with the passionate, lest thou entail his guilt also on thyself, nor associate with those who dispute but to oppose.

פֶּרֶק סא Chapter 61

א. אָמַר הֶחָכָם הַנּוֹצֵחַ בְּרַע נָצוּחַ:

1. An ignominious victory is a defeat. Or, the attempt to vanquish the vile enslaves.

ב. וְאָמַר הֶחָכָם לִבְנוֹ חֲפַצְתָּ לִנְצֹחַ אָדָם רַע. אָמַר לוֹ כֵּן. אָמַר לוֹ אֶל תִּנְצָחֶנּוּ עַד שֶׁתִּהְיֶה רַע מִמֶּנּוּ:

2. The sage asked his son, Didst thou ever attempt to vanquish the wicked, yes, said he. To which the father replied, attempt it not, for thou wilt succeed only by becoming viler than he.

פֶּרֶק סב Chapter 62

א. אָמַר הֶחָכָם שְׁמוֹנָה הֵם אִם יְבֻזּוּ אוֹתָם אֶל יַאֲשִׁימוּ כִּי אִם עַצְמָם. הַבָּא לִסְעוּדָה שֶׁאֵינוֹ קָרֹא לָהּ. וְהַמִּצְטַנֶּה בְּבֵית אָדָם בְּפָנָיו. וְהַמְּבַקֵּשׁ כָּבוֹד מִשּׂוֹנְאוֹ. וְהַשּׁוֹאֵל שְׁאֵלָה מִכִּילַי. וְהַנִּכְנָס בְּדִבְרֵי שְׁנֵי בְּנֵי אָדָם מִבְּלִי שֶׁיַּכְנִיסוּ אוֹתוֹ בְּדִבְרֵיהֶם. וְהַמְּזַלְזֵל בַּמֶּלֶךְ. וְיוֹשֵׁב בְּמָקוֹם שֶׁאֵינוֹ רָאוּי לוֹ. וְהַמְסַפֵּר דְּבָרָיו לְמִי שֶׁאֵינוֹ מַאֲזִינָם:

1.   Eight persons, said the sage, who, if they incur contempt have to reproach none but themselves - **1st.** He who attends a festival uninvited. **2nd.** He who assumes command in a house in the presence of its master. **3rd.** He who seeks respect from an enemy. **4th.** He who solicits a favour from the sordid. **5th.** He who pries into the affairs of others. **6th.** He who slights the king. **7th.** He who aspires to unmerited rank. **8th.** And he who addresses a reluctant listener.

פֶּרֶק סג   Chapter 63

א. אָמַר הֶחָכָם הַלֵּצָנוּת מַעֲבִירָה הַמּוֹרָא:

1. The sage observes, Levity banishes respect. Or, banishes the fear of God.

ב. וְאָמַר מִי שֶׁמִּתְלוֹצֵץ יִהְיֶה נָקֵל. וּמִי שֶׁמַּרְבָּה בַּדָּבָר יִהְיֶה נוֹדַע בּוֹ:

2. The scoffer will be slighted, and the idle prattler will betray himself.

פֶּרֶק סד 64 Chapter

א. אָמַר הֶחָכָם מִי שֶׁרוֹכֵב בִּמְהִירוּת אֵינוֹ בָּטוּחַ מִן הַמִּכְשׁוֹל:
1.　　The fleet rider, observed the sage, is not secure from stumbling.

ב. וְאָמַר הֶחָכָם הַמָּתוּן שֶׁאַחֲרִיתוֹ הַשָּׂגָה. טוֹב מִן הַמְהַיְרֵנּת שֶׁאַחֲרִיתוֹ חִסָּרוֹן:
2.　　Deliberation with the chance of success is preferable to over-haste with the probability of failure.

ג. וְאָמַר שְׂפַת אֱמֶת פְּרִי הַצְּנִיעוּת. וְהַחֲרִיצוֹת יִתְרוֹן הַתַּאֲנָה. וְהַמָּתוּן מִגְדּוֹל עֹז. וְהַמְּהִירוּת מְבִיאָה אֶל הַחֲרָטָה:
3.　　Veracity is the fruit of piety, incessant labour of excessive covetousness, mature deliberation is a tower of strength, and precipitancy a source of regret.

ד. וְשָׁאֲלוּ לְאָדָם גָּדוֹל בַּמֶּה הַגַּעְתָּ אֶל כָּל הַכָּבוֹד הַזֶּה וְאַתָּה מִן הַכּוּשִׁיִּים. וְאָמַר בִּדְבַר אֱמֶת. וְהַנֶּאֱמָנוּת. וְהַמָּנַע מִן הָעֹשֶׁק וְשֶׁלֹּא שָׁאַלְתִּי עַל מָה שֶׁאֵינוֹ צָרִיךְ לִי:
4. An eminent man having been asked, how he attained his honourable position, though of Ethiopian descent, replied, By the utterance of truth, by a strict adherence to fidelity, by abstaining from oppression, and by evincing an indifference to superfluities.

ה. וְאָמַר הֶחָכָם רֹאשׁ כָּל מוּסַר הַשְּׁתִיקָה וְרֹאשׁ הַשֵּׂכֶל הַשְּׁפָלוֹת. וּמִי שֶׁהִרְבָּה בַּדָּבָר נוֹדַע בּוֹ:

5. The sage concluded, Silence is the most becoming demeanour, discretion the height of humility, whilst prolixity causes unenviable notoriety.

תַּם

www.ingramcontent.com/pod-product-compliance
Lightning Source LLC
Chambersburg PA
CBHW051903090426

42811CB00003B/442